세계 축구 리그에서 인정한 코리안 리거들의 이야기

한국의 축구 천재들

오규상 · 유한준 공저

BOOK STAR

머리말

축구는 지혜와 체력을 겨루는 파워 스포츠

축구(蹴球, Association football 또는 Soccer)는 11명의 선수들이 각각 한 팀을 이루어 주로 발을 사용하며 머리와 가슴으로도 공을 다루면서 상대방 골대에 공을 넣는 구기 단체 스포츠로, 세계적으로 최고의 인기를 누리는 스포츠입니다.

경기장은 직사각형이며, 바닥은 천연 잔디나 인조 잔디 등으로 이루어져 있으며, 경기장 양 끝에 놓인 상대방 골대 안으로 공을 통과시키면 득점이 됩니다.

선수 중 골키퍼만 팔과 손으로도 공을 건드릴 수 있으나, 팔과 손을 사용할 수 있는 구역이 제한되어 있습니다. 골키퍼를 제외한 나머지 선수는 팔과 손을 제외한 신체 부위로만 공을 다룰 수 있으며, 골키퍼 외의 선수가 경기장 안에서 팔이나 손으로 공을 고의로 다루면 반칙이 됩니다. 주로 발을 사용하여 공을 차며, 공이 공중에 떠 있을 때에는 몸과 머리를 이용하는 것이 보통입니다.

경기 종료 시점까지 한 점이라도 더 많은 득점을 올린 팀이 승리하며, 동점일 때는 대회 규칙에 따라 무승부로 처리하거나 연장전과 승부차기로 승패를 결정합니다.

경기 방식이 리그일 경우에는 연장전 없이 무승부로 처리가 되며 토너먼트일 경우에도 홈 앤드 어웨이(Home & Away) 방식을 채택할 경우에는 무승부로 처리되어 원정 경기는 다득점 원칙을 따르지만, 단판의 토너먼트일 때는 무승부가 되면 연장전과 승부차기로 승패를 결정합니다.

축구의 역사는 인류의 생활과 함께 시작되었다고 보는데, 현대적 의미의 축구는 1863년 영국에서 잉글랜드축구협회(Football Association)가 창립되면서 시작되었고, 1863년 만들어진 경기 규칙이 현재까지 이어지고 있습니다.

경기에서 사용되는 축구공의 사이즈는 둘레 68~70cm이며, 공의 무게는 410~450g 정도입니다. 보통 축구공은 검은색 오각형의 가죽 12장 또는 흰색 육각형의 가죽 20장으로 만듭니다.

국제축구연맹(FIFA)은 4년마다 국제 대회로 FIFA 월드컵을 개최하고 있는데, 하계올림픽의 두 배나 되는 관중이 모일 정도로 열광적인 최대 축제가 되고 있습니다. 단일 종목의 스포츠로서는 가장 많은 인구가 경기장을 찾거나 TV로 시청하는 스포츠 행사로도 유명합니다.

오늘날 세계 여러 나라에서 축구는 수많은 팬의 삶에서 중요한 부분을 차지하며, 특정 지방 혹은 전 국가적인 사랑을 받는 경우도 많습니다. 1914년 제1차 세계대전 당시 영국과 독일은 크리스마스를 맞아 친선 축구경기를 열고자 잠시 휴전한 일도 있으며, 코소보와 카블에서는 전쟁이 종식된 뒤에 사회 정상화를 위해 축구대회를 열었다고 합니다. 그러나 역설적으로 축구가 전쟁의 원인이 된 경우도 있는데, 1969년 엘살바도르와 온두라스의 전쟁은 축구가 발단이 되었습니다.

2022년 11월 20일부터 12월 18일까지 카타르의 수도 도하를 비롯한 5개 도시, 8개 경기장을 수놓은 제22회 FIFA 월드컵에도 한국 선수단이 10회 연속 출전 기록을 세우며 축구 코리아의 함성을 터뜨렸습니다. 2002 한·일 월드컵에서 4강 신화를 썼던 한국 전사들의 열기를 되살리면서, 한국 축구를 세계에 빛냈거나 국제무대에서 지금 한창 기량을 떨치고 있는 축구 스타들, 차범근, 박지성, 손흥민, 안정환, 이동국, 황희찬, 김민재 선수의 축구 인생 스토리를 묶어 꿈나무들에게 축구 스타들의 두뇌 플레이와 진기록을 전해주고자 《한국의 축구 천재들》 이야기로 흥미롭게 엮었습니다.

2022년 낙엽 지는 늦은 가을
오규상·유한준 織

차 례

제1장

지구촌 최대 축제 월드컵 축구

지구촌 최대 축제 월드컵 축구

축구의 역사 그리고 매력

축구는 1863년 영국에서 잉글랜드축구협회(Football Association)가 창립되어 현대적인 축구 규칙을 만든 이후로, 축구는 발을 기본으로 하되 손을 제외한 모든 신체 부위를 사용해서 득점하는 경기로 자리를 잡았다. 그때 만들어진 규칙을 기본으로 한 규정들이 현재까지 이어온다.

우리나라에서는 멀리 삼국시대까지 거슬러 올라간다. 《삼국사기》에는 우리 조상들이 쇠가죽 속에 털이나 겨를 넣어 둥글게 공을 만들거나 돼지의 방광에 바람을 넣어 찼던 '축국(蹴鞠)'이라는 놀이를 널리 즐겼다고 하며, 신라의 장군인 김유신과 김춘추도 이를 즐겼다는 기록이 전해진다. 특히 이 경기를 하다가 김유신이 경기 도중 김춘추의 옷고름을 밟는 바람에 떨어졌다고 할 정도로 축국은 매우 격렬한 운동이었던 것으로 추정된다.

영국을 모태로 하는 근대 축구가 한국에 전파된 것은 1882년 6월

(고종 19년)이다. 그때 인천항에 상륙한 영국 군함 플라잉피쉬호의 승무원들이 전해 주었다.

월드컵 축구의 역사는 1928년, 당시 FIFA 회장이었던 쥘 리메가 국제적인 축구대회를 개최하기로 한 데에서 시작되었다. 그로부터 2년 뒤인 1930년 우루과이에서 첫 번째 FIFA 월드컵이 개최되었는데, 그때 초청받았던 팀은 단 13개국뿐이었다.

이후 계속된 확장과 형식의 변화를 경험하고 있는 FIFA 월드컵은 현재 전 세계 200여 개가 넘는 국가들이 2년 동안 열리는 월드컵 예선을 통해 본선에 출전하는 32개국을 결정하고 있다.

로스앤젤레스에서 열린 1932년 하계올림픽에서는 개최국 미국은 미식축구의 인기 탓에 축구의 인기가 낮아 정식 종목으로 채택되지 못했다. 국제축구연맹(FIFA)과 국제올림픽위원회(IOC) 사이에 아마추어 선수의 지위에 관한 의견이 일치하지 않았고, 이에 따라 축구는 올림픽에서 제외되었던 것이다.

당시 국제축구연맹은 총회를 열고 첫 번째 월드컵 대회를 1930년 우루과이에서 개최하기로 결정하였다. 각 국가의 축구협회는 대회 참가 초청을 받았지만, 유럽 지역의 팀들에게는 우루과이가 대서양을 횡단해야 하는 먼 나라였기 때문에 많은 경비 지출과 여러 날을 체류해야 하는 일정을 피할 수 없다는 사정이 생겼다. 그런 이유에 따라 대회 2달 전까지도 유럽에서는 팀을 보내겠다고 약속하는 국가가 없었다.

결국 쥘 리메는 벨기에, 프랑스, 루마니아, 유고슬라비아(나라 이름을 '세르비아'로 바꿈)를 설득하여 대회에 참가시켰다. 이렇게 하여 유럽에서 4팀, 북중미에서 2팀, 남미에서 7팀 등 모두 13개 팀이 참가한 가운데 첫 대회를 열었다.

1라운드는 조별 리그로 진행하고 각조 1위만 2라운드인 준결승에 진출했으며 준결승부터는 토너먼트로 경기를 진행하였다. 월드컵 개막식은 두 경기가 동시에 열렸으며, 프랑스와 미국이 각각 멕시코를 4 대 1로, 벨기에를 3 대 0으로 꺾고 승리를 거두었다.

월드컵 사상 첫 번째 득점은 프랑스의 루시앙 로랑이 기록했으며, 미국의 버트 페이트노드는 4일 뒤에 열린 파라과이와의 경기에서 월드컵 사상 첫 번째 해트트릭을 기록, 미국의 3 대 0 승리를 이끌었다. 개최국 우루과이는 몬테비데오에서 열린 결승전에서 9만 3,000명의 관중이 지켜보는 가운데 아르헨티나를 4 대 2로 꺾으며 첫 번째 FIFA 우승국이 되었다.

2022 카타르 월드컵 함성

FIFA 월드컵(World Cup)은 지구촌의 단일 경기로는 최대 축제로 꼽히며 국가와 인종을 가릴 것 없이 남녀노소 수많은 팬들이 열광한다. 2022년도 제22회 FIFA 월드컵은 카타르에서 2022년 11월 20일부터 12월 18일까지 열린다. 카타르의 수도 도하를 비롯한 5개 도시, 8개 경기장을 수놓은 2022 월드컵은 가을과 겨울 사이에 아랍 지역은 물론이고 이슬람 국가에서는 처음이라, 지구촌 사람들을 흥분과 열광의 도가니로 끌어들였다.

한반도와 일본 열도를 열광시켰던 2002 한·일 월드컵 이후 20년 만에 아시아에서 다시 열린 월드컵, 중동에선 최초 월드컵인 동시에 11월에 열린 첫 월드컵이며, 1998년 월드컵부터 24년 동안 지속된 32개국 체제의 마지막 월드컵이라 세계의 이목이 집중되었다.

2018년과 2022년 FIFA 월드컵 유치전은 2009년 1월에 막이 올랐고, 유치 의사가 있는 국가 협회는 2009년 2월 2일까지 등록할 수 있었다. 멕시코는 중도에 포기했고, 인도네시아의 유치 의사는 정부가 유치 의사를 담은 서류를 제출하지 않아 2010년 2월 FIFA에 의해 거절당했다.

카타르의 2022년 FIFA 월드컵 개최국 결정은 2010년 12월 2일 스위스 취리히에서 열린 22명의 FIFA 집행위원회 위원의 투표를 통해 확정된 것이었다.

카타르는 대한민국과 일본이 공동 개최한 2002년 FIFA 월드컵 이후 아시아에서는 두 번째, 중동에서는 첫 번째 월드컵 개최국이 되었는데, 이 과정에서 카타르 정부가 FIFA에 500만 달러의 뇌물을 주고 개최국 자격을 획득했다는 논란에 휩싸이기도 했다.

다음 대회인 2026년 월드컵부터는 출전국이 32개국에서 48개국으로 16개국이 더 출전할 수 있게 된다. 따라서 경기 수도 64경기에서 104경기로 늘어나면서 40경기를 더 치러야 하고, 대회 기간도 4주에서 5~6주로 늘어날 것으로 보인다.

본선 참가국 확대 시나리오

2018년 4월 12일 남미축구연맹(CONMEBOL)은 FIFA 측에 2026년 FIFA 월드컵 개최 4년 전에 열리는 2022년 FIFA 월드컵 참가국 수를 32개국에서 2026년 FIFA 월드컵부터는 48개국으로 확대할 것을 요구했다.

잔니 인판티노 FIFA 회장은 이 제안을 지지했지만 FIFA는 해당 결정을 유보한 상태이다. 이에 따라 FIFA는 개최국 카타르의 동의 여부를 확인한 이후에 FIFA 평의회에서 이 안건을 다루기로 미뤄놓았다.

FIFA는 2019년 3월에 실시된 타당성 조사를 통해 "2022년 FIFA 월드컵이 1개 이상의 이웃 나라와 2~4개의 경기장을 추가하면 2026 FIFA 월드컵부터는 48개국이 참가하는 대회로 확장할 수 있다."라는 결론을 내렸다. FIFA는 "대회 형식을 변경함으로써 유치 경쟁자를 잃거나 법적 조치를 배제할 수는 없지만 그러한 위험은 낮다."라고 여긴 것이다.

이에 따라 FIFA와 카타르는 2019년 6월에 열릴 FIFA 평의회, FIFA 총회에서 이웃 나라와의 공동 개최를 모색할 예정이라고 밝혔고, 해당 안건이 받아들일 경우에는 2019년 6월에 프랑스 파리에서 열릴 제69차 FIFA 총회에서 해당 안건의 채택 여부를 확정하기로 했다. 하지만 FIFA는 2019년 5월 22일에 공개된 공식 성명을 통해 2022년 FIFA 월드컵에는 종전처럼 32개국이 참가한다고 최종 확정해 발표했다.

이에 따라 FIFA의 6개 대륙연맹은 자체 예선대회를 조직하고 예선을 거쳐 본선 진출 팀을 가려냈다. 현재 211개국 모든 FIFA 회원국 협회가 참가 자격이 있다. 주최국인 카타르는 자동으로 토너먼트 진출 자격을 얻었다. 그러나 아시아 축구연맹은 첫 번째 2개 라운드가 2023년 AFC 아시안컵 예선을 겸하는 역할을 하기 때문에 카타르가 아시아 지역 예선에 참가하도록 의무화했다.

카타르가 아시아 2차 예선 E조 1위를 기록하며 결승에 진출한 이후 조별 2위 팀 중 5번째인 레바논(아시아 2차 예선 H조 2위)이 대신 진출했다. 현 월드컵 챔피언 프랑스도 평소와 같이 예선을 통과했다. 세인트루시아는 처음에 예선에 참가했지만, 첫 경기가 펼쳐지기 전에 예선 경기를 포기하고 기권했다.

북한은 코로나19 팬데믹에 따른 안전 문제가 있다며 2차 예선을 도중에 기권하였다. 따라서 북한 대표팀은 2026년 FIFA 월드컵 예선까지 박탈당하고 말았다.

미국령 사모아는 오세아니아 지역 예선 조 추첨 전에 기권하였고, 통가는 하아파이 화산 분화와 쓰나미 영향으로, 바누아투와 쿡제도 팀은 코로나19 때문에 철수했다

네 차례나 세계 챔피언을 따냈고, 현재 유럽 챔피언인 이탈리아는 유럽 예선 플레이오프 준결승전에서 실패하면서 사상 처음으로 2회 연속 월드컵 진출에 실패했다. 이전 월드컵 개최국인 러시아는 2022년 러시아의 우크라이나 침공으로 인해 출전 자격을 박탈당했다.

칠레는 2015년 및 2016년 코파 아메리카 우승팀이었지만 2회 연속 본선 진출에 실패했다. 나이지리아는 과거 7번의 월드컵 중 6번의 월드컵 본선 진출에 성공하였으나, 아프리카 최종 플레이오프 라운드에서 원정 다득점으로 가나에 뒤져서 탈락했다. 이집트, 파나마, 콜롬비아, 아이슬란드, 스웨덴 등 2018년 월드컵 진출 팀들도 2022년 대회에는 출전하지 못했다.

대한민국의 월드컵 출전사

2002 한·일 월드컵에서 폴란드를 상대로 첫 본선 승리를 거두고, 4강 신화를 썼던 한국은 2022년 3월 끝난 카타르 월드컵 아시아지역 최종 예선에서 이란에 이어 A조 2위로 10회 연속 본선 진출에 성공했다. 1954년 스위스 월드컵에서 처음 세계무대를 밟은 한국은 1986년에 두 번째 출전, 이번이 11번째 월드컵 진출이다.

2002 한·일 월드컵 당시 시청 앞 광장. 시민들의 폭발적인 응원 장면

월드컵 10회 연속 본선 출전은 브라질(22회), 독일(18회), 이탈리아(14회), 아르헨티나(13회), 스페인(12회)에 이어 세계에서 6번째 기록이다.

국제축구연맹 랭킹 28위 한국은 포르투갈(9위), 우루과이(13위), 가나(60위)와 함께 H조에 속했다. 4개국씩 8개조로 나뉘어 조별 리그를 치러 각 조 상위 2개국이 16강에 진출하는 방식이다.

한국 축구 대표팀은 이후 32년 동안 번번이 아시아 최종 예선의 벽을 뚫지 못하고 좌절하다가 1986년 멕시코 월드컵에 다시 출전하면서 다시 고개를 들고 2022년 카타르 월드컵까지 10회 연속 월드컵 본선 진출이라는 대기록을 세웠다. 이로써 한국은 아시아 축구에서는 강국의 면모를 보여 주고 있다.

대한민국은 손흥민이라는 걸출한 세계적인 공격수를 보유하고 있고, 미드필더인 황인범 선수는 해외 리그에서의 경험치가 더해져 그라운드를 총지휘하는 중추적인 역할을 했고, 터키에서 수비수로 한껏 주가를 올린 후 이탈리아 나폴리에 입성한 김민재 선수를 중심으로 탄탄한 수비진을 구축하고 있다.

한국은 2022년 카타르 월드컵 아시아 최종 예선이 7개월간의 대장정 A조에서 아시아 랭킹 1위인 이란을 비롯해서 아랍에미리트, 이라크, 시리아, 레바논 등 중동 국가 5팀에 둘러싸여 험난한 여정이 예상되었으나, 예상을 깨고 탄탄한 점유율 축구를 바탕으로 이전 월드컵 예선에서와는 다르게 수월하게 본선에 안착했다.

다만 최종전인 아랍에미리트와의 원정 경기에서 아쉽게 1 대 0으로 패하면서 이란을 제치고 무패 조 1위를 기대했지만 아쉽게도 이란에 이어 조 2위로 최종 예선을 끝냈다.

대한민국 남자 축구 대표팀은 외국인인 파울로 벤투 감독이 2018년 8월부터 현재까지 가장 오랫 동안 대표팀을 이끌어오고 있다. 햇수로 4년여 동안 고집스럽게 파울로 벤투 감독 자신의 축구 철학과 색깔을 대한민국 축구 대표팀에 접목시키는 과정에서 축구 팬들의 비난과 야유를 많이 받았지만, 수많은 시행착오를 거치며 최종 예선에서 결실을 거두며 큰 위기 없이 월드컵행 티켓을 거머쥐었다.

첫 경기였던 이라크와의 홈경기에서 0 대 0 득점 없이 비기면서 불안한 출발을 했지만, 시리아와 레바논을 연파하고 원정팀의 무덤이라 불리는 테헤란 아자디 스타디움에서 이란과 1 대 1로 비기면서 최고의 고비를 넘겼다. 이후 아랍에미리트에 1 대 0으로 승리하고 이라크를 3 대 0으로 격파함으로써 카타르행 티켓에 한 걸음 다가섰다.

반환점을 돈 후 레바논과 시리아를 연파하고 11년 동안 이란에게 한 번도 이기지 못했던 징크스를 깨면서 기분 좋게 2 대 0 승리를 거두며 카타르 월드컵 티켓을 확정지었다.

한국이 이란에게 기분 좋은 승리를 거둔 여세를 몰아 최종전인 아랍에미리트와의 원정 경기에서 승리하고 1위로 마감하려 했지만 아쉽게도 1 대 0으로 패하면서 최종 예선의 여정을 마쳤다.

B조에서는 사우디아라비아와 일본이 가까스로 본선에 진출했다. 일본이 오만과의 홈경기에서 1 대 0으로 패하면서 불안한 출발을 보인 반면 강력한 경쟁국인 사우디아라비와 호주는 베트남과 중국에게 여유 있는 승리를 거두며 승점 3점을 획득하며 극명하게 명암이 엇갈린 첫 경기가 되었다.

제2장

'축구 천재' 차범근 스토리

'축구 천재' 차범근 스토리

화려했던 축구 스타의 길

1970년대부터 30여 년 동안 대한민국 국가대표 축구 스타와 프로 팀에서 활동했던 차범근(車範根)은 AFC 아시안컵 경기와 FIFA 월드컵에 출전하고 은퇴한 뒤, 현재 축구 지도자, 해설가, 평론가로 활동하고 있다.

선수 시절 포지션은 공격수이며, 1980년대에 한국 선수로는 최초로 독일의 프로축구 리그인 푸스발-분데스리가에서 활약하였고, 다름슈타트, 아인트라흐트 프랑크푸르트, 바이어 레버쿠젠 소속으로 뛰었다.

1972년부터 1986년까지 대한민국 축구 국가대표팀의 주전 공격 수로 활약했으며, 최다 득점 선수의 기록을 세웠다. 두 번의 아시안 게임에 참가하여 1978년 아시안게임 축구에서 금메달을 획득하는 데에 이바지했고, 1972년 AFC 아시안컵 준우승을 차지했다.

그의 축구 일생은 영광과 축복의 길이었다. 대한민국의 축구 선수로 독일 분데스리가에서 활약하며 아시아인으로서는 역대 최다 득점이 되는 리그 통산 98골을 기록하였다. 독일에서 활약했을 당시 '차붐'이라는 애칭으로 불리며 인기를 끌었다.

1980년대에 프랑크푸르트 동물원에 차범근의 이름을 딴 호랑이가 생겼다. '범근'이라는 이름의 수마트라 새끼 호랑이인데, 당시 서독 교민회장을 통해 한국을 상징하는 동물이 호랑이라는 이야기를 들은 프랑크푸르트 구단 측이 시에서 운영하는 프랑크푸르트 동물원과 협업을 맺고 진행한 이벤트라고 한다.

이를 계기로 '차붐' 혹은 '갈색 폭격기', '아시아에서 온 호랑이'란 별칭이 서독 언론 기사에 많이 애용되기도 하였다. 베트남에서 축구 영웅으로 대접받는 박항서 감독과는 서울 경신고등학교 5년 선후배 사이다. 차범근이 1972년 졸업생(65회)이고, 박항서가 1977년 졸업생(70회)이다. 이 때문에 2008년 K리그 리그컵 결승전에서 격돌할 때 주목을 받은 적이 있었다.

국제축구역사통계연맹, 영국 ESPN 통신, 아시아축구연맹(AFC) 등에서 '20세기 아시아의 선수'로 선정되는 영광을 안았다. 영국의 축구 매거진 〈월드사커〉에서는 '잊을 수 없는 100대 스타', '20세기 축구에 영향을 미친 100인'에 선정되는 행운도 누렸다.

은퇴 후엔 MBC 해설가로 활동했고, 2010년 FIFA 월드컵과 2012년 하계올림픽에서 SBS 해설위원을 맡아 축구 경기의 해설을 명쾌하게 풀어냈다.

차범근의 이전 A매치 기록은 121경기 55골이었으나 2014년 11월

4일 대한축구협회에 의해 135경기 58골로 수정되었고, 지속적인 데이터베이스 정비에 따라 기록이 수정되었다.

차범근은 1970년 청소년 국가대표로 발탁되었고, 1971년과 1972년 연속으로 아시아 청소년 축구대회에 참가하였다.

고려대학교 학생 신분이던 그는 1972년 당시 최연소의 나이로 국가대표에 발탁되어 5월 7일 이라크와의 AFC 아시안컵 경기에서 데뷔하였다. 이는 엄청난 행운이었다. 1986년 FIFA 월드컵에도 참가하면서 축구 스타로서의 기량을 발휘하였다.

특히 일본과의 정기전을 치를 때마다 눈부시게 활약하였다.

1986년 FIFA 월드컵에 출전하였던 1986년 6월 10일 이탈리아와의 경기가 자신의 마지막 A매치가 되었으며, 처음이자 마지막으로 출전한 월드컵에서 득점은 기록하지 못했다.

그의 플레이 스타일은 매우 독특하다. 승부차기에서 실축한 경험은 경기장의 큰 상처를 뜻하는 라틴어 트라우마(trauma)가 일어나기 쉽다. 선수들에게 승부차기 실축은 트라우마처럼 달라붙는다. 그도 이에 따른 공포감으로 실제 경기 중에 승부차기 기회가 와도 자신이 찬 적이 거의 없었지만 대표팀 A매치 통산 135경기 58골, 분데스리가 통산 308경기 98골을 득점할 만큼 탁월한 골 결정력을 자랑하는 스타였다. 분데스리가에서 기록한 98골 중 페널티 킥에 의한 득점은 단 한 골도 없다.

체격이 좋은 편이라 "경마장으로 보내도 좋을 것"이라는 우스갯소리를 자주 들었다. 번개처럼 빠르게 돌진하며 드리블 공격을 하는 스타일로 상대 수비들이 큰 부담을 느끼며 그의 공격에 대비했다. 신체 조건이 좋고 거친 몸싸움을 하는 선수들이 많은 분데스리가에서도 차범근의 날카로운 공격은 충분히 위협적이었다.

대표팀에서는 필드의 중앙뿐만 아니라 사이드에서 돌파하는 윙 역할도 많이 맡았다. 그런 결과 많은 득점 찬스를 만들어 낸 선수로 유명했다. 윙을 활용한 대한민국 축구 국가대표팀의 공격 방식은 대표팀의 트레이드마크가 되어 변병주, 서정원 등으로 이어졌다.

하지만 클럽에서의 포지션에 대해서는 논란도 있었다. 그 이유는 대표팀에서는 윙으로, 분데스리가에서는 센터 포워드로 뛰었기 때문이다. 그 시절엔 3-5-2의 전술을 자주 사용했는데 차범근은 투톱 중 한 명으로 뛰었지만 필요할 때 윙어(winger)의 역할을 해 주는 탓에 투톱 중 처진 곳에 위치하는 경우가 있었다. 그런 그의 장점을 분데스리가에서 정확히 활용해서 그의 포지션을 '윙어 역할을 해 주는 처진 스트라이커'로 기용한 적이 있었던 것이다.

경기에서는 언제나 정확한 슈팅을 하였고, 골대를 크게 빗나가거나 어이없게 높이 뜨는 슛은 거의 날리지 않았다. 그는 묵직한 느낌을 주면서도 강하고 정확하며 총알처럼 빠른 슈팅을 하였다. 그의 슈팅 자세는 마치 축구장의 교본과도 같아서 당시 스포츠 잡지나 어린이들이 즐겨보는 잡지에 그의 슈팅 순간 모습이 연속 사진으로 실리며 화제를 모았다.

경기 중에 볼을 관리하고 간수하는 능력이 탁월해 안정된 플레이를 펼쳐 상대 선수에게 좀처럼 공을 빼앗기지 않았다. 선수로서의 볼을 다루는 기본기와 능력이 남달랐다.

청소년 국가대표 시절 경기 중에 헤딩 경합을 하다가 코뼈를 크게 다친 일이 있었다. 그 뒤로는 한동안 헤딩 슛은 별로 하지 않았으나 푸스발-분데스리가 데뷔 골을 헤딩 골로 장식하는 멋진 묘기를 연출해 그의 헤딩 슛 묘기에도 관심이 집중되었다.

독일에서 '차붐'을 일으킨 거장

분데스리가에서 활약할 당시 독일 사람들이 "차범근의 로마자 표기를 부르기가 어렵다" 면서 '차붐(Tscha Bum)' 이라는 애칭으로 불렀는데, 그 별칭이 그의 이름처럼 되었다. 드넓은 그라운드를 발 빠르고 날쌘 동작으로 휘저으면서 공간 침투와 공중전에 강력한 파워를 자랑하여 '갈색 폭격기' 라는 별명이 붙기도 하였다.

독일 분데스리가가 전설의 '갈색 폭격기' 차범근 선수

1976년 10월 공군에 입대해 사병으로 복무 중이던 1978년 12월에 독일 분데스리가 SV 다름슈타트 98로 이적하였지만, 병역을 마치지 않았다고 하여 독일 팀에서 선수로 뛸 수가 없어 계약이 파기되는 아픔도 겪었다.

그때의 사연은 하나의 희극적 드라마와 같았다. 차범근은 공군 축구팀 전력 강화를 꾀하던 참모총장의 권한으로 2년 뒤 제대한다는 조건을 약속받고 공군에 입대하였다. 약속된 1978년 12월 복무 기간을 마쳤다고 생각한 그는 특별 휴가를 받아 독일로 떠나 SV 다름슈타트 98 입단 계약을 체결하였고, 12월 30일 VfL 보훔과의 리그 경기에 출전해서 77분 동안 맹활약을 보여 주었다. 키커 평점 3점을 받는 등 좋은 활약을 펼치며 분데스리가 데뷔전을 성공적으로 끝마쳤다.

그러나 공군에서 당초 약속한 것과는 다른 입장 변화로 1979년 1월 5일 귀국한 그는 공군에 복귀해서 독일로 나가지 못하고 1979년 5월 31일 만기가 되어 공군에서 전역했다. 그에게 병역 문제는 선수로서의 큰 걸림돌이었으나 대한민국 청년으로서 국방의 의무를 소홀히 할 수도 없었던 것이다.

하지만 그는 병역 관련 문제가 해결된 뒤에, 1979년 7월 분데스리가 아인트라흐트 프랑크푸르트팀으로부터 스카우트를 받는 행운을 따냈다. 스카우트를 받은 뒤 곧바로 독일로 건너가 1980년 팀을 UEFA컵 챔피언 자리에 올려놓았고, 이듬해인 1981년에는 팀이 DFB-포칼 우승컵을 높이 드는 데 크게 이바지하였다.

1983년 7월에는 분데스리가 바이어 04 레버쿠젠으로 이적하여 1988년에 다시 한번 UEFA 슈퍼컵에서 우승하는데 수훈을 세웠다. 이 우승으로 차범근은 각기 다른 두 팀에서 UEFA 슈퍼컵 우승을 차지한 9번째 선수로 이름을 올렸다.

1989년 현역에서 은퇴한 차범근은 많은 기록을 갈아치우는 행진을 거듭했다. 리그 경기에서 98골을 기록하여 기존에 네덜란드 빌리 립펜스가 기록한 92골을 경신하고, 분데스리가 외국인 선수 최다 골 기록도 세웠다. 이러한 그의 기록은 1999년 스위스의 스테판 샤퀴자가 106골을 기록할 때까지 이어졌다.

차범근은 308경기에 출전하는 대기록을 세웠다. 이는 1977년 덴마크의 올레 비요른모세가 수립한 323경기에 이어 두 번째로 많은 출전 기록인데, 보스니아 헤르체고비나의 세르게이 바바레즈가 경신했다. 차범근이 1985-86 시즌에 기록한 17골은 지금까지 분데스리가에서 아시아 출신 선수 중 한 시즌 동안 가장 많은 골을 넣은 기록으로 남아 있다.

분데스리가에서 활동한 10시즌 동안 단 1장의 옐로카드만을 받았을 정도로 투철한 페어플레이 정신을 드러낸 선수로 주목을 받았다.

분데스리가의 홍보대사 차범근

탁월한 팀 지도자 경력

1990년이 저물어가는 11월 하순, 차범근은 스타 선수에서 명 코치로 위상이 바뀌었다. 그해 11월 23일 K리그 울산 현대 축구팀의 감독을 맡은 것이다. 감독 데뷔전에서도 명연기를 연출하면서 1991년 K리그 준우승을 이끌었다. 하지만 1994년 시즌을 마치고 성적 부진으로 경질되어 팀에서 물러나는 수모도 당했다.

전화위복이라고 할까? 1997년 1월 7일 국가대표팀 감독으로 선임됐는데, 당시 대표팀의 상황은 매우 어수선했다. 불과 한 달 전인 1996년 12월 아랍에미리트에서 열린 1996년 AFC 아시안컵 8강전에서 이란에 2 대 6으로 기록적인 대패를 당하며 박종환 감독이 불명예 퇴진했고, 선수단의 분위기도 냉랭했다. 그런 환경에서 차범근은 이러한 상황을 정리하고 수습하여 프랑스 월드컵 최종 예선에 대비해야 하는 어려운 상황에 직면한 것이다.

국가대표감독 시절의 차범근

차범근은 자신이 경험한 분데스리가 시절을 떠올렸다. 우리 선수들에겐 다소 생소한 독일식 축구 시스템을 도입하면서 정신적 재무장을 했다. 그 결과 가장 중요한 순간인 프랑스 월드컵 아시아 최종 예선을 앞두고 서서히 경기력이 회복되고 좋은 결과로 이어졌다. 그때 대한민국은 일본, 우즈베키스탄, 카자흐스탄, 아랍에미리트와 같은 조에 편성되었다.

하지만 축구에선 숙적으로 불리는 일본과 같은 조에 속한 사실에 상당한 부담을 느꼈다. 설상가상으로 아랍에미리트와 우즈베키스탄 역시 결코 만만한 상대는 아니었다. 이럴수록 강인한 정신력과 팀워크가 중요했다.

먼저 잠실종합운동장에서 열린 카자흐스탄과의 1차전에서는 예상대로 3 대 0의 완승을 거두면서 좋은 출발을 했다. 우즈베키스탄

과의 2차전에서는 동점골을 허용하며 후반 종료 3분 전까지 1 대 1
로 무기력한 경기를 전개했다. 다행히 후반 42분 이상윤이 터뜨린
천금 같은 결승골로 2 대 1 승리를 거두며 위기에서 벗어났다.

그러나 최대 고비인 일본과의 경기가 목전에 있었다. 2연승을 기
록한 한국은 본선 진출의 관문인 일본과의 원정 경기를 기필코 이
겨야만 했는데, 공교롭게도 일본과의 경기는 도쿄 국립경기장에서
원정 경기로 치르게 되었다. 반드시 월드컵 본선에 첫 진출하겠다
는 일본에 맞서 한국은 상당히 고전하다가 후반 20분 고정운의 패
스 미스로 선제골을 내줬다.

그러자 일본의 가모 슈 감독은 선제골을 지키기 위해 로페스 와
그녀를 빼고 수비수 아키타 유타카를 넣는 수비 전술을 펼쳤고, 이
를 눈치챈 차범근은 수비수 홍명보까지 공격수로 나설 것을 지시
하며 공격 전술로 맞섰다.

이 전술이 절묘하게 적중하여 마침내 후반 38분과 41분 잇따라
골을 기록해 2 대 1로 통쾌한 역전승을 일궈냈다. 이로써 한국은 3
연승으로 B조에서 단독 선두에 올라섰다. 우리 축구계에서는 이때
의 경기를 '도쿄 대첩'으로 꼽았다. 지금까지도 한일전 최고의 명
승부로 손꼽는다.

그해 10월 4일에는 조 2위 아랍에미리트와 잠실종합운동장에서
대결했는데, 전반전에 하석주의 선제골로 경기가 쉽게 풀리는 듯했
으나 아랍에미리트의 적극적인 공격에 부딪히면서 고전을 면치 못
했다. 후반에 유상철의 페널티킥과 이상윤의 헤딩골로 3 대 0의 승

리를 거둬 4연승을 기록하고, 중앙아시아 원정 2연전에 들어섰다.

카자흐스탄과의 원정 경기에서는 무기력한 경기 끝에 1 대 1 무승부를 기록하여 연승 가도에 제동이 걸렸지만 여전히 1위를 유지하였다. 우즈베키스탄과의 원정 경기에서 예상 밖의 활발한 움직임으로 5 대 1의 대승을 거둬 조 1위를 사실상 확정지었다. 그 뒤 일본과 아랍에미리트의 예상 밖의 무승부로 프랑스 월드컵 본선 직행 티켓을 거머쥐는데 성공해 2002년 FIFA 월드컵 개최국 자동 진출까지 합쳐 5회 연속 월드컵 진출이라는 위업을 달성하였다.

차범근 감독의 재치 넘치는 용병술과 선수들이 혼연일치가 일궈 낸 결과였다. 아랍에미리트와의 마지막 경기에서도 3 대 1의 완승을 거둬 최종 성적 6승 1무 1패로 예선을 마감하였다.

불과 1년 전만 해도 1998년 프랑스 월드컵 본선 진출조차 불투명 했던 한국 축구 국가대표팀이었다. 수 자체를 논할 필요조차 없는 상황에서 조 1위의 성적으로 본선 직행을 이끈 차범근 감독은 국민적인 영웅이 되었다.

하지만 다음 해 프랑스에서 개최된 1998년 FIFA 월드컵 본선에서는 크게 부진했다. 리옹에서 열린 1차전에서 선제골을 터뜨린 하석주의 퇴장으로 멕시코에 1 대 3 역전패를 당했고, 마르세유에서는 나중에 한국팀의 감독을 맡게 된 히딩크 감독이 이끌던 네덜란드에 0 대 5 참패를 당하며 참담한 성적을 기록했다.

더불어 대한축구협회는 성적 부진에 대한 책임을 물어 차범근을 대회 도중에 국가대표 감독에서 끌어내렸다. 그 대신에 김평석 코치가 감독 대행을 맡아 벨기에 전을 준비하도록 위임했다. 이 사례는 같은 대회에서 사우디아라비아의 페레이라 감독을 경질한 뒤 두 번째 경우였다.

한국 축구 역사에서는 처음 있는 일이었다. 김평석 코치가 감독 대행을 맡은 후 파리에서 열린 벨기에와의 조별 리그 마지막 경기는 유상철의 동점골로 1 대 1 무승부를 기록했다. 그럼에도 차범근은 자신을 마르세유에서 침몰시켰던 적장이자, 한국 축구 국가대표팀을 맡게 된 거스 히딩크를 옹호하는 미덕을 보여 주었다.

대표팀 감독직에서 물러난 차범근은 1998년 7월부터 1999년 12월까지 중국 슈퍼리그 선전 핑안의 감독을 맡았다. 이 과정에서 K리그에 승부 조작이 있다는 발언을 해서 평지풍파를 일으켰다. 1998년 8월 12일 대한축구협회는 이 일을 문제 삼아 그에게 5년간 한국 국내 지도자 자격 정지 처분을 내렸다. 가혹한 처사라는 말이 나돌았다.

이전저런 일로 감독직마저 내놓은 그는 한동안 '차범근 축구교실'을 운영하여 유소년 육성에만 전념하는 한편, MBC에서 축구 해설가로 활동하다가 징계가 해제된 2003년 말에 수원 삼성 블루윙즈의 감독을 맡아 그라운드로 복귀했다.

지도자로 복귀한 2004년에는 K리그에서 수원 삼성의 우승을 이끌며 감독 생활 이후 처음으로 우승의 쾌감을 맛보았고, 2005년에는 리그 컵 대회 우승을 차지하였다. 2008년에는 자신의 K리그 통산 두 번째 우승과 리그 컵 대회 통산 두 번째 우승을 차지하여 더

블 기록을 이룩하는 쾌거를 올렸다.

시즌이 끝난 뒤 겨울에 이적 시장에서 마토, 이정수, 조원희 등 주축 선수들이 이적했지만 이 공백을 제대로 메우지 못한 상태에서 2009 시즌을 맞아 부진한 모습을 보이며 10위에 머물렀다. 그 뒤 강민수, 조원희, 염기훈 등을 영입해 전력을 보강하여 시즌을 준비하였으나 2010 시즌 초반에도 부진한 모습을 이어가면서 팬들 사이에서 퇴진 운동이 일어나는 수모도 당했다. 2010년 4월 24일 강원 FC와의 경기에서 패하며 5연패를 기록한 뒤 인터뷰에서 "퇴진할 수도 있다."라는 의사를 밝혔다.

이후 AFC 챔피언스 리그 2010 16강전에서 승리하며 팀을 8강에 올려놓으며 다시 활력을 보여 주었다. 그러나 5월 20일 기자회견을 열고 "6월 6일부로 수원 삼성 블루윙즈 감독에서 사임할 것"이라고 밝혀 관심을 끌었다. 그해 6월 6일 전북 현대 모터스와의 포스코컵 2010 경기가 끝난 뒤 공식적으로 감독직에서 물러났다.

그 뒤 2010년 FIFA 월드컵을 앞두고 SBS 해설위원으로 영입되었고, 런던올림픽, 브라질 월드컵 해설을 끝으로 SBS와의 계약이 종료되었으나 인천 아시안게임 결승전에 게스트 자격으로 또다시 해설을 맡았다.

축구 행정가로 변신

차범근은 2016년 축구 선수와 감독을 거쳐 행정가로 변신하였다. 그해 4월 14일 '2017 FIFA 20세 월드컵 조직위원회 부위원장'으로 선임된 것이다. 그때 그는 이렇게 꿈을 밝혔다.

"축구 선수로 살아온 나는 지금까지 어떤 감투를 쓸 생각을 해본 일도 없다. 정말 전혀 없었다. 앞으로는 축구 감독이나 해설자가 아닌 축구 행정가로서 한국 축구 발전에 기여하겠다."

그는 선임 나흘 만인 4월 18일 조직위원회 현판식에 참석, 조직위원회 부위원장직을 공식으로 시작하였다. 선수 시절 그는 개인전으로 다양한 상을 휩쓸었다. 그 대표적인 사례는 1970년 대통령 금배 고교축구대회 득점왕, 1970년 MBC 고교축구대회 최우수 선수, 1972년 한국일보 선정 백상체육대상 올해의 신인상을 받았다.

해외에선 키커 선정 분데스리가 베스트 11(1979-80, 1985-86), 빌트 선정 분데스리가 베스트 11(1979-80, 1985-86), 서독 빌트지 선정 올해의 페어플레이어(1981년), 스페인 바르셀로나 주최 세계 올스타(1981년), 킥 AIDS88 세계 올스타(1988년), 키커지 기자단 선정 80년대 분데스리가 외국인 선수 1위(1989년), AFC 선정 올해의 아시아 최우수 감독(1997년), K리그 감독상(2008년) 윈저어워즈 한국 축구대상 감독상(2008년), 골닷컴 선정 분데스리가 역대 외국인 선수 3위(2010년), 아인트라흐트 프랑크푸르트 레전드 베스트 11(2013년)의 영광을 누렸다.

수훈 또는 훈장도 특이하다. 대한민국 체육훈장 기린장(1975년), 체육훈장 백마장(1979년), 독일연방 공로십자소수장(2019년)이 그것이다. 그는 대한민국 축구 국가대표팀 최초로 센추리 클럽에 가입한 것 이외에도 세계에서 최연소(24년 139일)로 센추리 클럽에 이름을 올렸다.

차범근의 아들 차두리 또한 한국 국가대표 축구 선수로 선발되어 부자(父子)가 국가대표 선수로 나란히 등재되었다. 차두리는 2002년 FIFA 월드컵, 2010년 FIFA 월드컵에 출전한 것 외에도 셀틱 FC에서 활동하였고, 그 뒤로 K리그 클래식의 FC 서울에서 뛰다가 2015년 11월에 은퇴하였다. 지금은 서울의 유스 전력강화 실장으로 재임 중이다.

차범근은 감독 자격정지 처분 이후인 2001년 초에 MBC의 축구 해설위원으로 발탁되어 해설가로 데뷔하였고, 이듬해 2002년 FIFA 월드컵 때에는 MBC의 주요 경기 해설을 맡으며 MBC의 시청률 1위에 크게 이바지하였다. 2006년에도 MBC에서 2006년 FIFA 월드컵 경기 해설을 그의 아들 차두리와 함께 맡았는데, 이때도 MBC의 시청률을 1위로 끌어올리는 역할을 톡톡히 했다.

2002년 FIFA 월드컵 기간 중에는 제주 월드컵경기장에서 열린 독일과 파라과이의 16강전 경기를 해설하였는데, 차범근이 독일과 파라과이의 16강전을 중계하던 중 경기 내용을 보고 "지금까지의 경기 중 가장 나쁘다. 준비도 안 된 상태"라고 비판하였다.

당시 중계 멘트를 그대로 옮겨 적자면 "이런 경기는 한강 고수부지에 가면 볼 수 있죠."라고 말했다. 그러자 루디 필러 독일 축구 국가대표팀 감독은 "차범근이 현역 시절 아스피린을 너무 많이 먹었나 보다."라고 되받아치는 해프닝이 벌어졌다.

그 말만 들으면 살벌한 독설 같지만, 차범근의 선수 경력에서 알 수 있듯이 사적으로도 매우 친한 사이다. 루디 필러 역시 레버쿠젠에서 선수로 뛴 적이 있기 때문이다. 두 사람의 설전이 독일 전역에 전해지자 이상하게도 독일 여론은 루디 필러가 아닌 차범근의 편을 들어주는 이상 기류가 흘렀다. 결국 두 사람은 독일이 미국과의 8강전 경기를 앞둔 시점에서 울산 문수축구경기장에서 만나 화해함으로써 오해와 반목이 일단락되었다.

2002년 FIFA 월드컵에 참가한 독일 축구 대표팀은 파라과이와의 16강전 서귀포 경기를 비롯해 미국과의 8강전 울산 경기, 한국과의 준결승전 서울 경기를 한국에서 치렀다. 그때 독일 축구 대표팀의 일원으로 참가했던 미하엘 발라크는 한국 입국 직후에 가진 인터뷰에서 "여기가 '차붐'의 나라입니까? 정말 와보고 싶었습니다. 그는 나의 우상입니다."라고 극찬을 아끼지 않았다.

차범근은 2005년 6월, 서울월드컵경기장 안에 있는 월드컵 기념관에 마련된 축구 명예의 전당에 선수 부문 헌액자로 이름을 올렸다.

2010년 FIFA 월드컵에는 SBS의 단독 중계로 인해 그동안 해설가로 있었던 MBC를 떠나 SBS로 옮겨 활동했고, 8강전인 독일 대 아르헨티나 전에서도 아들 차두리와 함께 중계방송을 했는데, 이는 2006년 FIFA 월드컵 이후 4년 만의 부자(父子) 중계 해설 방송이었다.

불멸의 기록

차범근은 한국 축구 국가대표 선수로 뛰면서 불과 24세의 나이에 100경기 출장이라는 대기록을 세웠고, 국가대표팀 통산 최다 출장 3위(130 경기), 최다 득점 1위(58골)를 비롯하여 다양한 기록을 지녔다.

외국팀에선 아인트라흐트 프랑크푸르트와 바이어 04 레버쿠젠에서 전성기를 보냈고, 두 팀에서 UEFA컵 우승 2회, DFB 포칼 우승 1회를 이끌었다. 키커 분데스리가 올해의 팀에 2회 선정되고, 분데스리가 역대 외국인 선수 최다골 기록(98골)을 10년간 지켰다. 독일 대표팀 수석코치였던 요아힘 뢰프가 TV 화면에 등장하자 차범근은 김성주와 이런 말을 주고받아 화제였다.

차-"아, 저 코치가 예전에 저랑 팀 동료였는데… 이름이?"

김-"요아힘 뢰프 코치입니다."

차-"아, 맞습니다. 선수 시절 제 동료였었죠. 좋은 선수에서 이제는 좋은 지도자가 되었군요.

김-"선수 시절 요아힘 뢰프는 어땠나요?"

차-"나의 교체 선수였죠."

2006년 BBC 방송에서는 독일 월드컵 중계 때엔 캐스터가 차범근을 가리키며, "차범근, 독일의 No.1 외국인 선수입니다."라고 말했다.

국가대표로 130경기 출장, 56골 기록, 한국인 선수 최초의 센추리 클럽에 가입, 한국인 남자 축구 선수 중 역대 최다 A매치 득점 기록, 세계 최연소 센추리 클럽 가입(24년 139일), 독일 분데스리가 1부 리그에서 11년간 총 308경기 출장(당시 외국인 선수 중 역대 2위), 98골 기록(당시 외국인 선수 중 역대 1위), DFB-포칼이나 UEFA 슈퍼컵 기록까지 포함하면 372경기 121골을 넣었다. 차범근은 인터뷰에서 "멀티 골은 20번이나 해 봤지만, 해트트릭은 한 번도 못해 봤다."라며 아쉬움을 털어놓았다. 하지만 그것은 기억의 착오일 수도 있다.

　국가대표로 발탁된 뒤에, 1976년 9월 11일 아시아에서 큰 국제대회였던 코리아컵(박스컵)에서 말레이시아를 상대로 7분 남기고 1대 4로 뒤진 상황에서 차범근이 혼자 세 골을 뽑아내는 해트트릭을 기록하면서 무승부를 만드는 기적을 만들었다.

차범근 5분만에 3골을 넣다!

대통령배 국제축구대회 말레이시아전에서 뒤지면서 패색이 짙었을 때, 그는 막판에 번개처럼 성난 사자같이 그라운드를 누비며 후반 83분, 87분, 89분 단 6분 만에 해트트릭을 기록해 무승부로 만들었다. 그때의 일화는 경기장의 전설처럼 내려온다.

방송국도 그 경기의 테이프가 없다고 평가했고, 차범근 역시 "두 골은 기억이 나지만, 나머지 한 골은 어떻게 넣었는지 나도 모르겠다."라고 말했다. 박스컵(Park's Cup)도 그렇지만, 이 시기의 국내 축구는 영상이나 문자 매체 등의 상당수가 유실된 상태라서 차범근의 스타적 전성기인 20대 초반의 활약상을 직접 본 사람 외엔 거의 알 수가 없다.

이렇게 현역 초반 시절 자료가 부족하거나 전해진 게 별로 없다 보니 자연스레 발생한 것이 포지션에 관한 논란이 일어났다. 중앙 공격수였는지 아니면 윙어였는지 애매하다는 말들이 많았는데, 차범근도 이를 인정했다. 그의 말에 따르면 한국 축구 국가대표팀에서는 주로 오른쪽 윙어, 분데스리가에서는 최전방 투톱으로 뛰었다고 밝혔다. 그는 오른발 선수였지만, 오른발 왼발을 가리지 않고 볼을 다루는 특별한 선수였다는 것은 사실이다.

현재 유럽에서도 지면 자료들의 인터넷 전산화가 어느 정도 진행되기도 하였고, 유튜브의 활성화로 차범근의 플레이 영상을 몇 개 정도는 볼 수 있기 때문에 이를 통해 알 수 있는 것은 구단에서 포지션 자체는 투톱 체제의 중앙 공격수로 뛰었지만, 라인업에 그렇게 표현되었을 뿐 현대에서 말하는 세컨드 스트라이커로서 활약한 것을 알 수 있다. 국가대표에서처럼 윙 포워드로 출전하기도 했으며 말년에는 미드필더로 뛰기도 하였다. 어쨌거나 양발을 자유자재로 쓰는 공격수였음은 분명하다. 그의 현역 시절은 지금 전설이 되고 있다.

무엇보다 공군 축구단에서 군 복무를 하고 병장으로 만기 전역한 뒤에 26세의 나이로 분데스리가에서 뛰기 시작했기에 더욱 대단하다는 말을 들었다. 만약 군 복무가 아니었다면 3년 정도 더 일찍 유럽 축구 무대로 진출했을 가능성이 매우 크고, 그렇게 되었더라면 유럽에서 더 뛰어난 활약과 기록을 남겼을 가능성도 충분히 있다는 말이다.

실제로 27개월의 단축 군 복무 후에 분데스리가의 다름슈타트에서 데뷔전까지 성공적으로 치렀으나, 군 복무 단축에 대한 논란이 생기면서 남은 5개월의 군 복무 기간을 마쳐야 했기 때문에 다름슈타트와의 계약을 해지하고 한국으로 돌아왔다.

차범근은 경기도 화성군 안룡면 송산리에서 태어났다. 현재의 경기도 화성시 송산동이다. 그의 종교는 개신교(예장통합)이며 고향의 화산초등학교를 나와 축구 명문학교로 유명한 서울의 경신중학교와 경신고등학교를 거쳐 고려대학교를 다녔다.

차범근은 본관이 연안(延安) 차(車)씨이다. 연안은 북한 지역인 황해도 연백군을 말한다. 경기도 화성시 송산동에서 3남 중 막내로 태어났다. 차범근은 아내 오은미와 1977년에 결혼했다. 오은미와의 결혼 스토리는 마치 드라마와 같다. 오은미의 고백이다.

"1976년 당시 대학교 1학년 재학생이었다. 내 친구가 나더러 미팅에 대신 나가 달라고 부탁했다. 나는 친구의 대타로 미팅에 나가서 차범근과의 첫 만남을 가졌다. 그런데 이상하게도 그와 사랑에 빠지게 되고 연애를 시작했다. 그리고 이듬해 1977년에 바로 결혼식을 올렸다."그때 차범근의 나이는 25세, 오은미는 22세였다.

그의 가족은 부인 오은미, 딸 차하나, 아들 차두리, 차세찌, 며느리로 배우 한채아가 있다. 장남 차두리도 축구 선수로 이름을 떨치고 현재 FC서울 유스 강화실장을 맡고 있는 축구인이다.

'차범근 축구교실' 설립 꿈나무 육성

차범근은 1998년의 실패 이후 K리그 감독으로 복귀하기까지 온갖 우여곡절을 겪었다. 국가대표 감독 이후 국내의 심각한 비난 여론에 의해 도망치듯 중국 프로축구 선전 평안 감독으로 부임했다. 그러나 1년 6개월 만인 1999년 12월 재계약이 불발된 뒤로는 국내외를 오가며 눈에 띄지 않는 은둔 생활, 야인 생활을 거듭하며 와신상담했다.

2001년 초에 한 어린이로부터 편지 한 통을 받았다.

"우리들이 다치는 걸 걱정해 직접 얼음을 깨고 있는 저 분이 바로 전설적인 축구 선수 차범근 감독님이다."

편지엔 차범근의 뒷모습을 Daum의 차범근 팬 카페에 올린 사연

도 들어 있었다. 야생마 기질인 차범근은 축구에 대한 열정을 내려
놓을 수가 없었다.

"축구는 내 인생의 전부다. 축구교실을 만들어 꿈나무들을 길러
내자."

그는 축구교실을 만들고, 직접 챙기면서 유소년 육성에 대한 뜨
거운 열정에 불을 붙였다. '차범근 축구교실'은 축구 선수 차범근
의 최대 업적 가운데 하나로 꼽힌다. '차범근 유·소년 축구교실'
로 대변되는 교육기관으로, 한국의 축구 꿈나무인 유·소년 인재 발
굴·육성의 토대를 마련한 까닭이다.

그의 고백에 따르면 "1978년 다름슈타트에 도착했을 때부터 독
일 축구를 배워서 우리나라 축구계에 크게 기여해 보고 싶다."라는
생각이 들었다는 것이다.

그는 독일에서의 선수 생활을 마치면서 이렇게 밝혔다.

"아인트라호트 프랑크푸르트에서 선수로서의 길을 접고 은퇴한
뒤 1군 팀 코치를 맡아달라는 제의가 들어왔었으나 사절했다. 그런
연유는 일본 아이들이 잔디 구장에서 축구를 하는 것을 보았고, 또
일본에서는 '30년 앞을 내다보고 축구 꿈나무들을 키우고 있다'는
말을 들었다. 나도 그 일에 봉사하고 싶다고 생각했기 때문이다."

독일에 처음 왔을 때 생각했던 계획을 이루기 위해 1990년 독일
에서의 선수 생활을 마무리하고 귀국하여 축구교실을 만들었다.
이렇게 시작된 차범근 축구교실은 우리나라 축구 역사에서, 아니
대한민국 스포츠 전 종목을 통틀어 스포츠 전문 학원이 아니라 축

구장에서 유·소년 양성을 시도한 최초의 꿈나무 축구교실의 사례
이다. 오래전부터 학원 축구의 폐해를 지적하고 유·소년 축구의 중
요성을 지적하는 목소리는 많았으나, 이를 실천에 옮긴 사람은 차
범근이 처음이었다.

차범근 축구교실을 시작할 때는 외부의 지원 없이 차범근이 개인
재산을 투자했다. 2002년 월드컵을 성공리에 마치고 스포츠 토토
수익금으로 자금력을 확보한 대한축구협회가 비로소 유·소년 육
성 정책을 시작했고, 이들 2002 키즈가 바로 훗날 2012년 런던 올
림픽 동메달의 주역이 되었다.

이처럼 앞을 내다본 차범근의
선구자적 식견이 빛을 본 것이다.
여기서 한 걸음 더 나아가 '차범
근 축구상'을 만들어 유능한 꿈나
무를 지원했으나, 그 주인공이 바
로 이동국, 박지성, 기성용 등 축
구 꿈나무들이다.

야구 전문기자 박동희는 말했다.
"차범근 축구교실은 학원 야구
밖에서 운영되는 한국 유소년 야
구 클럽에도 롤모델이 되었다."

야구뿐만이 아니다. 차범근 축
구교실은 다른 종목에서 운영되

'차범근 축구상' 시상식에 참석한 차범근 전 국가대표팀 감독

는 어린이 클럽의 롤모델이 될 수밖에 없었다. 자신의 재산과 경험을 바탕으로 해외의 앞서가는 스포츠 꿈나무 육성 시스템을 실현할 수 있는 사람이 그 시절에는 사실상 차범근이 유일했다.

차범근 축구교실이 안정적으로 정착되고 좋은 결과를 내면서, 모범 사례가 되자 다른 유소년 교실도 투자 및 운영 등 여러 면에서 롤모델이 되었다. 차범근의 업적은 한국 유소년 축구를 넘어, 한국 스포츠 전반의 유소년 시스템에 실질적인 영향을 안겨주었다는 평가를 받고 있다.

2021년 3월 서울시의회 회의록에 따르면, 차범근 축구교실은 1997년 차범근 개인 재산으로 축구장 시설을 설치하고, 그 조건으로 2005년까지 독점적으로 이용한 뒤에 2005년 서울시에 시설을 기부 채납했다고 한다. 그 뒤로는 3년마다 공개 경쟁을 통한 최고가 입찰 방식을 유지했지만 다른 경쟁자가 없어서 2022년까지는 차범근 축구교실에서 단독 입찰로 낙찰을 받아 운영해 왔다.

유·소년 육성과 지도자 교육이라는 부분에서, 유럽 축구를 먼저 경험한 차범근이 그 터를 닦고 주춧돌을 놓아 꿈나무를 키워냈다. 이는 한국 축구계의 크나큰 미래 자산이 되었다. 그러나 차범근 축구교실도 예기치 못한 수난 시대를 맞았다.

2016년 차범근 축구교실에서 해고된 코치 노모 씨가 차범근 축구교실에 대하여 '비리가 있다'고 폭로해 논란이 되었다. 이를 MBC 시사매거진 2580가 보도하면서 사회적인 논란에 휩싸였다. 차범근 축구교실은 법정으로 비화되는 사태까지 맞았지만, 25년간 품질 높은 교육과 주 1회 1시간에 6만 원이라는 공익적 수준의 강습료로 1,400여 명의 회원을 둔 비영리 사단법인으로 성장했다.

차범근이 개인 재산으로 설치 운영하다가 기부 채납한 시설에도 불구하고, 이촌동 축구장 사용을 못해 운영이 중단된 점은 옥의 티로 남았다.

축구 해설가로 인기 누려

대한축구협회 정몽준 회장이 차범근에게 내려진 자격정지 5년에 대해 사면조치를 취하면서 차범근의 국내 활동이 자유로워졌다. 신문선, 송재익을 SBS에 빼앗긴 MBC가 2000년 12월부터 끈질기게 설득한 끝에 2001년 2월 2일 2억 원에 MBC 해설위원으로 차범근과 계약을 맺었다. 그해 5월에 개막한 FIFA 컨페더레이션스컵부터 본격적으로 해설을 맡았는데, 이때까지만 해도 축구 해설은 여러 분석을 내놓는 신문선과 이를 재치 있는 입담으로 포장하는 송재익 콤비를 내세운 SBS가 장악하고 있던 시대였다.

그런 판국에 차범근이 말을 청산유수처럼 잘하는 타입이 아니다 보니, 허정무를 해설위원으로 내세운 KBS에 오히려 시청률이 뒤지는 상황까지 나타났다. 그러나 차분한 목소리에 또박또박한 말투, 그리고 수십 년간 쌓은 선수 시절의 경험을 바탕으로 경기의 흐름을 미리 내다보고 한 수 앞을 먼저 읽는 명쾌한 해설로 관심을 끌면서 시청자들의 이목이 쏠렸다.

그의 해설에 차츰 호평이 많아지더니, 2002년 월드컵 본선 때는 오히려 SBS의 신문선-송재익 콤비를 누르고 MBC가 1위로 올라서는 기적이 일어났다. 그 결정타가 된 것이 월드컵 개막 직전인 2002년 5월 26일 프랑스와의 평가전이다. 이때만 해도 SBS와 동시 중계로 해설을 했는데 당시 김남일의 태클로 지네딘 지단이 부상을 당한 뒤 허공으로 손을 돌리자 신문선은 "판정 불만에 대한 항의하는 것"이라고 말했다.

그러나 차범근은 "지단의 표정을 보니 부상으로 뛸 수 없을 것 같다."라고 해설했다. 더구나 벤치에서 얼음찜질을 받고 알약까지 먹는 장면이 카메라에 잡히자 신문선-송재익은 "영양제를 먹으며 컨디션을 관리한다."라고 해설했지만, 차범근은 "지금 진통제를 먹고 있네요."라고 전했다.

실제로 지단이 이날 부상으로 인해 본선에서 제대로 뛰지 못하는 상황이 벌어지면서 차범근의 해설은 저 멀리서 선수의 상태를 정확히 파악하는 매의 눈을 가진 예언자급 해설이라는 평가가 쏟아졌다.

그 뒤로 신문선의 헛발질 해설이 거듭되면서 시청자들도 MBC로 눈길을 돌리고 월드컵 기간 내내 MBC가 일방적인 1위를 달리게 된 것이다. 결국 신문선-송재익 콤비를 야심차게 영입한 SBS는 2위로 밀려났고, 신문선은 2006년을 끝으로 메인 스튜디오를 떠나고 말았다.

차범근은 2002년 월드컵 해설을 맡게 되었을 때, 축구 해설에 대한 조언을 얻고자 자신이 아는 선배 해설자를 찾아가 조언을 요구하며 기본 자세를 가다듬었다. 그 사람은 바로 월드컵이나 주요 대회의 해설자로도 활동을 한 적이 있는 베켄바워였다.

그 당시 차범근이 월드컵이라는 큰 대회의 해설을 맡게 되어 부담도 되고 어떻게 해야 잘할 수 있을지 걱정이 되어 그를 찾아가 노하우를 물었던 것이다. 그때 베켄바워는 "우리가 말하면 다 맞는 거야."라는 말을 했다고 전한다. 이 말은 "나는 베켄바워고 너는 차붐인데 우리가 말하는 게 맞지 뭐가 걱정이냐?"라고 자신감을 심어주었다고 한다. 그의 솔직하고도 재치 넘치는 답변에 차범근은 용기를 갖고 축구 해설을 전개했다.

재미있는 일은 2002년 월드컵이 특별하게도 이변이 많았던 대회라서 결과 예측을 한다는 것 자체가 어렵고, 섣불리 예단을 했다가 상황이 뒤틀려 웃음거리가 되는 경우가 많았다. 그런 상황에서 차범근은 한국에 체류 중이었던 베켄바워를 찾아갔다. 그가 차범근의 말을 듣고는 "사실대로 말하면 틀리는 경우가 적다."라는 말을 했다고 한다.

2003년까지도 계속해서 MBC 해설을 맡았으나 계약 기간이 만료된 데다가 마침 수원 삼성 감독직 제의가 들어오면서 해설위원에서 물러나서 그라운드로 돌아갔다. 그러나 2006 독일 월드컵 기간에 한해 MBC 해설을 또 맡기로 이면 합의를 해 두었다. 여기에 엔트리에서 탈락한 아들 차두리까지 가세하면서 '부자(父子) 해설위원'이라는 진풍경을 기록하면서 MBC가 시청률 1위를 이어갔다.

차범근, 차두리 부자(父子) 해설위원

   다만 그때 감독을 맡은 수원의 성적이 안 좋을 때라 중요한 시기에 해설하러 자리를 비우는 것이 팬들에게 좋게 보이지 않았다. 그런 상황이라 비난을 받아야 했던 차범근은 스포츠 일간지에 기고한 칼럼에 "미안하다"라는 글을 남겼다. 그러면서도 후반기 경기에 대비하여 이관우와 백지훈을 영입해 반등에 성공했다.

   2010년과 2014년 SBS 해설위원으로 2010 FIFA 월드컵 남아프리카공화국 경기와 2014 FIFA 월드컵 브라질 경기를 해설했다. 남아공 월드컵에서의 그의 인기는 여전했으나 브라질 월드컵에선 순발력이 좀 느려지고 말을 더듬거린다는 지적이 있었다. 다른 방송사의 해설위원들이 선전하면서 그에 대한 호불호가 엇갈리는 분위기가 나타났다.

전문 해설가가 아니고 달변가도 아니었기 때문에 해설자로서 한계가 왔다는 지적이 있었다. 특히 순발력이 떨어져 머릿속으로는 상황을 읽어내지만 말로 옮겨내지 못한다는 소리를 들었다. 빠른 시간 내에 적당한 말로 경기 실황을 해설하면 명해설이 터지는데, 그렇지 못할 경우 실망스럽기 때문이다.

물론 축구 해설자의 본분은 잡학 자랑이나 선수 프로필 읊어 주는 게 아니라 경기를 풀어 주는 것인 만큼, 중계 카메라가 어떤 상황을 잡아줄 때 재빠르게 풀어 주는 재치가 필요하다. 한국의 스포츠 중계 특성상 멘트가 중간에 끊어지는 걸 시청자들은 매우 어색해하게 여기며 때로는 무능하다고 혹평한다. 김이 빠진다고 불만하면서 약점으로 지적한다.

독일 대표팀의 중계를 맡으면 중립을 지키다가도 은연중에 독일 쪽으로 편파 해설하는 경우가 적지 않다는 지적을 가끔 받았다. 차범근 자신이 독일 프로팀에서 선수로 활동했던 탓에 독일에 대한 애정이 남다를 수도 있다. 그런 연유로 중립을 지키기 어려운 경우도 없지 않다. 실제로 2014 브라질 월드컵 토너먼트에서 독일과 알제리와의 경기 중에 외질이 두 번째 골을 넣자 기쁨을 감추진 못한 사례가 있었다.

독특한 플레이의 천재 스타

차범근의 축구 플레이 스타일은 매우 특이하다는 평가를 받았다.

1980년대 분데스리가에서 차범근과 함께 뛴 루디 펠러는 "차범근은 좌우 양발로 슛을 쏘았고 헤더, 드리블 등 못 하는 게 없는 천재였다. 여기에 아시아 대륙 출신 선수로서는 좀처럼 보기 힘든 놀라운 속도와 괴물 같은 피지컬을 동시에 갖춘 선수다. 강철 같은 체력과 정교하고 빠른 슈팅 능력이 매우 뛰어났고, 패스, 헤더, 오프 더 볼, 연계, 수비 가담 등 모든 면에서 특출했다. 한마디로 만능 공격수, 천재 스타."라고 말했다.

뛰어난 플레이를 펴는 선수, 총알처럼 강한 슈팅력, 왕성한 활동량, 절묘한 헤더 슈팅, 무결점 스트라이커의 대표적 선수이다. 차범근과 비슷한 플레이 스타일을 가진 선수로는 카를하인츠 루메니게를 꼽는다.

활동량도 엄청 뛰어나서 밀린다 싶으면 미드필더 진영까지 달려가 공을 따오는 전형적인 골게터 스타일 공격수와는 상당히 다른 모습을 보여 주었다. 더구나 엄청난 활약에도 불구하고 부상 빈도가 낮은 편이며, 전방에서 몸싸움을 구사하고도 신사적인 플레이로도 명망이 높아 그야말로 빈틈없는 완성형 공격수의 표본이라는 찬사를 받았다.

당대 리그 최고의 공격수 중 한 명으로 평가받았고, 한국을 넘어 아시아 최고의 선수이자 축구의 본고장인 유럽 무대를 주름잡은 선수라는 데에 이견이 없다. 가장 눈에 들어오는 능력은 놀라운 속도와 경쟁력이다. 함께 뛰었던 동료나 취재 기자들, 경쟁했던 상대편 선수들이 이구동성으로 '차범근의 플레이는 굉장히 빠른 스피드'라고 평가하는 점이다. 신체 조건은 평균적이나 피지컬이 어마어마한 데다가 100m를 11.02초로 주파하는 엄청난 주력을 겸비했다.

1980년대에 독일 언론 기사나 독일 쪽 전문가들이 차범근의 플레이를 이야기할 때 빼놓지 않는 단어가 바로 '소용돌이치다, 선회하다, 어지럽히다'라는 말이다. 강력한 피지컬과 빠른 주력을 이용해 경기장을 전방위적으로 휘젓고 다니는 차범근의 모습을 표현하는 찬사이다. 그야말로 '회오리친다'는 말이다.

　　강한 헤더 슈팅으로 헤더골의 비중이 특출하다. 프랑크푸르트와 레버쿠젠 두 구단에서의 첫 골이 모두 절묘한 헤더 골이었다. 몸싸움에 능하다 보니 직접적인 헤더 슈팅 외에도 동료의 공격 활로를 만들어 주는 역할도 훌륭히 해낸다. 차범근 스스로 골을 넣지 않아도 높은 평점을 받는 경우가 바로 그것이다. 골을 넣지 않은 경기라 해도 득점과 상관없이 뛰어난 모습을 보여 준다는 평가를 받는다.

　　인사이드 패스와 원터치 패스가 뛰어나서 직접 골을 넣을 수 있는 상황이어도 주변에 동료가 골을 더 잘 넣을 수 있는 위치에 있으면 거침없이 패스하여 골을 터뜨리게 한다.

　　공격에만 치중하는 전통적인 스타일의 공격수가 많던 당시로서는 드물게, 전방 압박이나 수비 가담을 통해 상대방의 볼을 차단한 뒤 그대로 상대방 골문까지 치고 들어가는 모습도 곧잘 보여 주었다.

오해와 편견, 그리고 진실

　　유명 인사에게는 사실과 다른 루머로 오해나 폄훼를 받는 경우가 종종 있다. 차범근을 평가하기에 앞서 인터넷에 떠도는 잘못된 정

보도 그런 사례이다. 1980년대 분데스리가와 UEFA 슈퍼컵의 위상 및 포지션 관련 내용도 잘못된 오해에서 나온 것이다. 그때 분데스리가는 차범근이 최고의 리그가 아니었고 이탈리아 세리에 A(1부 리그)가 최고라는 말이 떠돌아 다녔다.

애초에 4대 리그 중 한 곳에서 뛰었다는 것 자체만 가지고도 대단한 일이지만, 분데스리가는 1976년부터 1984년까지 UEFA 리그 랭킹 1위의 리그였다. 그 시절 분데스리가는 랭킹에서 저조했고, 막강한 자본을 통해 세계의 뛰어난 선수들을 끌어모으던 세리에 A가 UEFA 리그 랭킹 1위를 차지하고 있었다.

그래도 유럽 리그 3위 안에 드는 최상위 리그였다. 그때 차범근은 동양인의 유럽 출전이 극히 드물던 1980년대에 유럽 최상위 리그 팀에 속해 있는 두 팀에서 주축 선수로 활약했다.

2010년 후반부터 차범근이 두 차례 들어 올린 UEFA 슈퍼컵이 UEFA 3티어 혹은 아무도 알아주지 않는 별 볼 일 없는 대회였다는 이야기가 인터넷에 퍼졌다. 그들 중에는 현재 유로파 리그와 1980년대 UEFA 슈퍼컵의 위상을 같은 수준으로 동일하게 보기도 하고, 유러피언컵과 위너스컵 다음의 낮은 후순위 대회로 취급하는 경향이었다.

가장 큰 오류는 각 대륙 컵 대회는 각각 그 의의를 가지기 때문에 이런 비교는 무의미하다는 것이다. 챔피언스 리그의 전신인 유러피언컵은 각 유럽 리그 우승팀 간의 경쟁 대회인 반면, 유로파 리그의 전신인 UEFA 슈퍼컵은 각 유럽 리그 상위 팀들의 경쟁 대회였지만, 유럽의 각 리그를 대표하는 팀들 간의 대회는 그 자체로 가치 있고 그 대회의 우승은 분명히 값진 것으로 여겼다.

그래도 굳이 위상을 따진다면 현재나 과거나 챔피언스 리그의 전신인 유러피언컵을 제일로 꼽는다. 다만 흥행 면에서는 UEFA 슈퍼컵이 유러피언컵을 앞지르기도 했는데 그 이유는 바로 참가 팀들이 유러피언컵보다 볼거리가 더 많다고 여겼기 때문이다.

현재와 달리 유러피언컵은 각 리그의 1위 팀만이 진출한 반면, UEFA 슈퍼컵은 1위와 컵 대회 우승팀을 제외한 상위 4팀들도 출전했다. 따라서 유로파 리그보다는 위상이나 진출 팀의 이름값이 분명히 높은 대회라고 여긴다. 간혹 UEFA 슈퍼컵이 발롱도르에 영향을 못 미친다며 낮게 평가하는 의견도 있는데 이는 잘못된 정보이다.

차범근의 포지션도 한때 논쟁거리가 되었지만, 현재로서는 논쟁거리가 되지 못한다. 국가대표에서는 윙으로 뛰었다 하더라도 클럽에서는 중앙 공격수로 나서기도 한다. 클럽에서 차범근이 어느 포지션으로 뛰느냐가 논쟁거리인데, 중앙 공격수로 스트라이커 역할을 했다는 것과 중앙 공격수가 아닌 윙 포워드였다는 이야기까지 다양한 말이 나온다. 그러나 이것은 과거에 국한된 이야기일 뿐 현재 유럽 축구에서는 별로 시비 거리가 아니다.

결론부터 말하자면 분데스리가에서 뛰던 시절 차범근의 주된 포지션은 센터 포워드 중앙 공격수였다. 간혹 윙 포워드로 뛴 적도 있고 말년에 3시즌은 미드필더로 뛰었지만 차범근이 가장 오랜 세월 뛴 포지션은 투톱의 중앙 공격수였다는 사실이다.

여기서 중요한 것은 1970~80년대의 전통적인 공격수와는 달리 차범근은 좌우 중앙을 가릴 것 없이 상대 진영을 활보하는 선수였다. 피지컬과 스피드, 오프더볼로 상대 진영을 돌파하여 헤집으며 공간을 만들었고, 2선까지 내려와 공격의 활로를 만들면서 볼을 운반하는 등 포워드 세컨드 스트라이커의 역할까지도 맡았다. 그만큼 전천후 공격수였다.

그 시절 차범근의 포지션에 관해 유럽의 전문가들은 이런 평가를 내렸다.

"매우 빠르고 신사적이었던 선수의 포지션은 센터 포워드도 윙어도 아니다. 혼란스럽겠지만 사실이다. 차범근은 전술적인 변화가 진행되던 시기에 분데스리가에서 훌륭히 적응한 공격수 중 한 명이었다. 고전적인 센터 포워드보다 유연하고 기동성 있는 선수들에게 열광했다.

차범근은 완벽하게 유연하지는 않았지만 전통을 무시하고 서포터 능력을 장착해 공격의 흐름을 통제했다. 흥미로운 사실은 한 곳에 머물지 않고 활발히 경기장을 어지럽히며 골라인에 민첩하게 출몰하여 결정짓는 선수에게 열광했다. 눈앞에 놓인 승리를 놓치지 않고 결정하던 주인공의 활약에 초점이 모아졌다.

3-5-2로 전술적 진보가 시작된 80년대 중반에 차붐 역시 진화했고 공격적으로 성숙했다. 차범근은 센터서클에서 젊은 선수들을 지휘하며 분데스리가에서 활동한 기간 중 가장 효율적으로 골을 넣은 선수였다.

당시 서독 국가대표팀 감독 유프 데어발은 "공격수 가운데 차범 근이 가장 멋진 플레이를 보였다. 그가 서독 선수였다면 국가대표로 뽑았을 것"이라는 이야기를 남겼다. 말 그대로 1980년대 분데스리가의 정상급 공격수로서 차범근의 위상과 현역 시절 독일 현지 전문가들이 바라본 차범근 평가이다.

우리나라에는 별로 알려지지 않은 사실이지만, 차범근은 분데스리가 역사를 통틀어 봐도 흔치 않은 대우를 받았는데 바로 '한글 전광판'이다. 아인트라흐트 프랑크푸르트는 홈 경기장 발트슈타디온에 한글이 표기되는 새로운 전광판을 설치했고 이로 인해 홈경기에서 스타팅 멤버를 소개하거나 차범근이 골을 넣을 때마다 전광판에 차범근의 이름이 한글로 명시되는 진풍경이 펼쳐졌다.

보통 영어로 'BUM KUN CHA(범 근 차)' 또는 'CHA BUM(차범)'이라는 한글 글자가 등장했다. 세계 축구 리그에서도 극히 이례적인 것으로 선수 시절 차범근의 위상을 느낄 수 있는 사례이다.

프랑크푸르트 홈구장인 도이체 방크 파르크에도 차범근의 모습을 찾아볼 수 있다. 구장의 지하 주차장에는 구단 역대 베스트 11이 벽화로 그려져 있는데, 1979-80 시즌 UEFA 슈퍼컵 우승 멤버, 1980-81 시즌 DFB-포칼 우승 멤버의 벽화가 새겨져 있다. 여기에도 어김없이 차범근 선수가 등장된 것이다.

　　1980-81 시즌에 프랑크푸르트에서 뛸 때 레버쿠젠과의 경기에서 상대 팀의 겔스도프에게 등 뒤에서 고의성이 짙은 육탄 공격을 받아 척추에 금이 가는 심한 부상을 입고 입원했다. 이때 프랑크푸르트 팬들은 난리가 나서 레버쿠젠까지 가서 겔스도프에게 살해 위협 소동까지 벌였다. 프랑크푸르트팀은 겔스도프를 고소하기 위해서 마지막으로 차범근의 동의를 구했으나 그는 고소를 취하하고 그를 용서한다고 말했다.

　　이 사실이 언론에 보도되자 시민들이 감동하고, 어린이로부터 할머니까지 면회 신청을 하고, 쾌유를 비는 꽃다발이 산더미처럼 쌓였다고 한다. 선수 생명이 끝날 수도 있는 부상이라는 진단을 받았으나 차범근은 놀라운 회복력을 보이며 한 달 만에 경기장에 복귀했다. 이 사건은 거친 파울 이후 살해 협박을 받은 선수들을 주제로 한 독일 다큐멘터리에서도 소개되었다.

　　분데스리가 2008-09 시즌 바이엘 레버쿠젠과 에네르기 코트부스와의 경기를 차범근이 관람했다. 차범근은 모자를 푹 눌러쓰고 부인과 같이 경기를 관람했는데 전광판의 카메라가 비춰 주자 관중들이 모두 일어나서 기립 박수를 했고, 유명 선수들이 차범근에게 사인을 요청하고 사진 찍기를 요청하는 일이 벌어졌다.

'해트트릭'의 명수 손흥민 스토리

제3장

'해트트릭'의 명수 손흥민 스토리

'최초' 타이틀 행진을 계속하는 스타

손흥민(孫興慜)은 대한민국의 축구 선수 출신으로 현재 잉글랜드 프리미어 리그 토트넘 홋스퍼에서 윙어로 활약하고 있다. 한국 축구 국가대표팀의 주장으로도 활약한다. 아시아 선수로서는 역대 최초로 프리미어 리그 공식 베스트 일레븐에 선정됐고, 프리미어 리그 득점왕을 수상했다. FIFA 푸스카스 상을 받았는데, 이 역시 한국 선수로는 최초이다.

2022년에는 축구 선수로는 처음으로 대한민국 체육훈장 청룡장 서훈을 받아 최초라는 타이틀 행진을 계속 중이다. 그는 1992년 7월 8일 호반의 도시로 유명한 강원도 춘천시 후평동에서 아버지 손웅정과 어머니 길은자의 차남으로 태어나 고향에서 자랐다. 집안 환경은 좋지 않아 학업에 열중은 못 했지만 유전적으로 축구에 재능이 있었던 소년이었다.

춘천 가산초등학교에 입학했으나 부안초등학교로 전학해 졸업했고, 춘천 후평중학교에 입학한 후 2학년 때 원주 육민관중학교 축구부에 들어갔다가 다시 서울 동북중학교 축구부로 스카우트되어 동북중을 졸업하고 축구 명문인 동북고교로 진학했다.

손흥민은 "안정환 선배의 축구 경기를 보면서 플레이 동작을 할 때 선이 정말 아름답다고 느꼈다. 경기장에서 몇 번이고 넋을 놓고 보고 또 보면서 나도 저렇게 하고 싶다고 마음속으로 다짐했다."라고 말했다.

2008년 당시 FC 서울의 U-18팀이었던 동북고등학교 축구부에서 선수 활동을 계속하던 중에 대한축구협회 우수선수 해외 유학 프로젝트에 선발되어 고교를 중퇴하고 2008년 8월 독일 분데스리가의 함부르크 유소년팀에 입단하였다.

함부르크 유스팀 주전 공격수로 선발된 그는 2008년 6월 네덜란드에서 열린 4개국 경기에서 4게임에 출전, 3골을 터뜨리며 꿈나무로서의 재능과 기량을 보여 주었다. 1년간의 유학 기간을 거치고 2009년 8월 한국으로 돌아온 그는 10월에 개막한 FIFA U-17 월드컵에 출전하여 3골을 터트리며 한국을 8강으로 끌어올렸다.

그해 11월 함부르크의 정식 유소년팀 선수 계약을 체결하여 다시 독일로 간 뒤 독일 U-19 리그 4경기에서 2골을 넣고 2군 리그에 출전하는 행운을 따냈다.

손흥민은 밀양 손씨(密陽 孫氏)로 조선 시대 정치인으로 이름을 떨친 손을봉(孫乙逢)의 후손이다. 손을봉은 임금이 내린 사명(賜名) 을봉(乙逢)을 받았고, 봉성군(鳳城君)에 봉작되어 조선 태조 7

년 무인년에 병조참판 종2품으로 재임하여 하인을 수백 명 거느렸다. 기록에 따르면 손을봉 무신 또한 당시 축구와 비슷한 축국(蹴鞠)을 잘했다고 전한다. 결국 손흥민은 "선대의 축구 DNA를 타고난 줄도 모른다."라는 덕담을 들으며 성장했다.

시즌 경기에서 기량 떨쳐

손흥민의 축구 인생은 분데스리가 리그 시즌 경기에서 화려한 꽃망울을 터뜨렸다. 2010~11 시즌을 앞둔 프리시즌 경기에서 손흥민은 첼시를 상대로 역전골을 넣는 등 탁월한 골 결정력을 보여 주면서 주목을 받기 시작하였다. 그러나 그 경기에서 부상을 입어 치료를 받으면서 시즌을 보내다가 2010년 10월 28일 아인트라흐트 프랑크푸르트와의 DFB-포칼 경기에서 데뷔전을 치렀다.

2010년 10월 30일 FC 쾰른 경기에서 분데스리가 리그 데뷔와 함께 멋진 데뷔 골을 넣었다. 그때 그는 18세 청소년이었다. 어린 나이로 큰 경기에서 골을 넣으며 39년 역사를 지닌 만프레트 칼츠의 함부르크 최연소 득점 기록을 새로 세웠다.

2010년 11월 20일 하노버와의 리그 경기의 시즌 2에서 3호 골을 넣으며 득점 행진을 계속했다. 팀이 0 대 1로 뒤진 전반 40분에 극적인 동점골을 넣었고, 후반 9분에는 역전골을 넣었으나 팀은 2 대 3으로 역전패했다.

2011-12 시즌에서는 골 폭풍 행진을 연속하면서 독일 청소년들

의 우성처럼 떠올랐다. 7월 19일 열린 리가토탈컵 준결승전에서 최전방 스트라이커로 나선 손흥민은 바이에른 뮌헨을 상대로 통쾌한 멀티 골을 터뜨리며 2 대 1로 팀의 승리를 이끌어내고 결승전으로 진출하는 위력을 발휘했다. 프리시즌 7경기에서 무려 17골의 골 폭풍 행진을 일으키면서 독일 언론을 흥분시켰는데 그 골들이 우연이 아니라 타고난 승부욕의 결정 골이었음을 보여 주었다.

2011~12 시즌을 앞둔 프리시즌에서는 10경기에 18골을 기록하면서 엄청난 득점력을 자랑했다. 새 시즌에 대한 기대감을 한층 높여준 손흥민은 2011년 8월 13일 헤르타 베를린과의 리그 2라운드에도 첫 출전하여 풀타임을 소화하면서 시즌 첫 골을 기록하였다.

8월 27일에 열린 4라운드 FC쾰른 전에서 2 대 2로 맞선 후반 17분 역전골을 넣어 2호 골을 터뜨렸다. 그다음 경기인 4월 21일 FC 뉘른베르크 전에서도 흘러나온 공을 터닝 슈팅으로 마무리하며 2경기 연속 골을 장식했다.

토르스텐 핑크 감독이 부임하면서 시즌 내내 주전권을 확보하는 데 어려움을 겪었으나, 팀이 강등권으로 몰린 시즌 후반기에 하노버 96전과 FC 뉘른베르크 전에서 득점을 올리면서 가라앉은 팀에 활력을 불어넣고 팀을 강등권에서 구출하는 데 큰 기여를 했다.

손흥민은 2012-13 시즌 아인트라흐트 프랑크푸르트와의 3라운드 원정 경기에서도 시즌 첫 골을 성공시켰다. 그럼에도 팀은 2 대 3으로 패배했다. 또 보루시아 도르트문트와의 4라운드 경기에서 시즌 2호 골과 3호 골을 연달아 터뜨리고 3 대 2 승리하는 데 기여했다. 그 뒤에도 그로이터 퓌르트와의 7라운드 경기에서 1골을 넣어 팀이 1 대 0으로 승리하도록 이끌었다.

이로써 손흥민은 리그 득점 랭킹에서 공동 2위로 올라섰다. FC 아우크스부르크와의 9라운드 원정 경기에서도 보기 좋게 선제골이자 5호 골을 터뜨려 팀을 2 대 0 승리로 이끌었다. 마인츠 05와의 12라운드 경기에서는 6호 골을 터뜨려 함부르크의 1 대 0 결승골을 넣었다.

베르더 브레멘과의 19라운드 경기에는 0 대 1로 뒤지는 상황에서 전반전에 자신에게 넘어오는 크로스를 그대로 받아 통쾌한 슈팅으로 처리, 동점골을 넣어 팀이 3 대 2 역전승을 거두는 데 기여하면서 자신의 7호 골을 세웠다.

보루시아 도르트문트와의 21라운드 경기에서는 1 대 1로 맞서던 전반전에 수비수 한 명을 제치고 측면 돌파하여 왼발 감아차기 슈팅으로 시즌 8호 골이자 역전 골을 넣었고, 후반 44분 낮은 크로스를 오른발 슈팅으로 연결해 9호 골을 넣으면서 팀의 4 대 1 승리를 결정지었다. 이 경기에서 최고 평점을 받음과 동시에 함부르크 SV의 리그 순위 또한 5위로 상승시켰다.

그해 4월 14일 마인츠 05와의 경기에서 10호, 11호 2골을 연속 터뜨리고 팀의 2 대 1 승리에 크게 기여했다. 이 경기 기록으로 한국 선수로는 차범근, 설기현, 박주영에 이어 네 번째 유럽파 두 자릿수 득점을 달성하는 선수에 올랐다. 특히 빅 리그로 일컬어지는 잉글랜드 프리미어리그, 독일 푸스발-분데스리가, 스페인 라리가, 이탈리아 세리에 A에서 차범근에 이어 두 번째이다. 뒤이어 어린 나이에 12호 골도 성공시켰다.

그러나 함부르크는 최종전을 꼭 승리해야 UEFA 유로파 리그에 진출할 수 있다는 부담이 따랐다. 상대는 3위 바이어 04 레버쿠젠이었다. 후반 종료 직전까지 동점을 이어왔으나 슈테판 키슬링의 슈팅이 골로 들어가 0 대 1로 패배하고 말았다.

이적 시장에서 스카우트 0순위

손흥민은 시즌이 종료된 뒤에 선수들이 팀을 옮기는 이적 시장이 시작되자 프리미어 리그에서는 맨체스터 유나이티드, 첼시, 토트넘 홋스퍼 등에서 그를 노렸고 분데스리가에서는 보루시아 도르트문트, 바이어 04 레버쿠젠에서 영입 스카우트가 들어왔다. 하지만 손흥민은 자신이 주전으로 뛸 수 있고 경쟁력이 충분히 있는 팀이라는 조건에 부합했던 바이어 04 레버쿠젠으로 이적을 확정지었다.

바이어 04 레버쿠젠에서 2013-14 시즌을 맞았다. 바이어 04 레버쿠젠은 2013년 6월 13일 손흥민과 5년 계약을 맺었다고 발표했다. 이적료는 1,000만 유로로 추정된다. 그는 프리시즌 3경기에서 경기당 1골씩을 넣었다. 6부 리그 소속 SV 립슈타트와의 DFB-포칼 1라운드 64강전에서 레버쿠젠 이적 후 첫 공식 시즌 1호 골을 터뜨렸고 1 도움 골도 기록했다.

분데스리가 개막전 SC 프라이부르크와의 경기에서 시드니 샘의 도움을 받으며 1골을 기록하면서 리그 1호 골이자 시즌 2호 골을 올렸다. DFB-포칼 2라운드 32강전에서는 아르미니아 빌레펠트와의 경기에서 라르스 벤더의 패스를 받아 오른발 슈팅으로 날카롭게 마무리해 득점을 올렸고, 1 도움도 기록하며 팀의 2 대 0 승리를 이끌었다.

2013년 11월 9일에 열린 친정 팀 함부르크 SV와의 경기에서 해트트릭으로 리그 2, 3, 4호 골을 기록하였고 그 뒤에도 슈테판 키슬링의 골을 도우면서 팀의 5 대 3 승리하는데 큰 역할을 했다. 이 경기에서 올린 해트트릭은 설기현에 이어 두 번째로 한국 선수가 유럽 리그에서 기록한 해트트릭이고, 아시아에선 네 번째로 기록이며, 91일 만에 넣은 골이라 더욱 의미 있는 해트트릭이었다.

이처럼 눈부신 활약으로 평점 만점을 받았으며 '경기에서 제일 잘한 선수'라는 MOM(Man Of the Match)에 선정되는 행운을 얻었다. 이때 FIFA는 홈페이지 메인 화면에 37경기 무패 행진으로 독일 분데스리가 신기록을 수립한 FC 바이에른 뮌헨과 더불어 함부르크 전에서 해트트릭을 기록한 손흥민의 활약상을 집중 조명하는 이변을 엮어 냈다.

손흥민은 〈키커〉, 〈빌트〉, 〈유로 스포르트〉, 〈골닷컴〉 독일판 등 독일의 유력 언론사들이 선정하는 12라운드 베스트 일레븐을 싹쓸이했다. 여기에 머물지 않고 영국 통계 전문 사이트 후스코어드닷컴도 분데스리가 12라운드 베스트 11을 발표하면서 미드필더 중 한 명으로 손흥민을 포함시켰다.

이날 손흥민은 아드리안 라모스(헤르타 BSC)와 함께 최고 평점인 10점을 받았다. 또 FC 바이에른 뮌헨의 에이스 프랑크 리베리와 프랑크푸르트 경기 2골의 주인공 티보 베르너를 제치고 손흥민이 〈키커〉지가 선정한 2013-14 시즌 12라운드 가운데 단 1명을 선정하는 '이 주의 선수'에 올랐다. 분데스리가 12라운드 MVP에도 뽑혔다. 이때 분데스리가 홈페이지는 "최우수 선수 투표 결과 손흥민이 52%의 득표로 12라운드 최고의 선수로 뽑혔다."라고 밝혔다.

11월 31일 FC 뉘른베르크와의 14라운드 경기에서 전반 36분 곤살로 카스트로의 측면 패스를 오른발 논스톱 슈팅으로 성공시키며 리그 5호 골을 기록하였고, 후반 31분 마찬가지로 곤살로 카스트로의 패스를 받아 왼발 슛으로 리그 6호 골을 기록하며 멀티 골로 팀을 3 대 0 승리로 이끌었다.

이처럼 한 경기에서 두 골을 넣는 활약을 펼친 손흥민은 경기가 끝난 뒤 실시된 독일 언론 평가에서 최고점인 평점 10점을 획득하였다. 보루시아 도르트문트와의 15라운드 경기에서 전반 18분 곤살로 카스트로의 패스를 받아 골키퍼를 제치고 왼발로 선제골이자 결승골인 리그 7호 골을 기록해 팀의 1 대 0 승리를 이끌었다.

20라운드 묀헨글라트바흐와의 경기에서도 후반 16분 시드니 샘의 패스를 받아 오른발 중거리 슛으로 선제골이자 결승 골을 터뜨리고 팀이 1 대 0 승리하는데 결정타를 날렸다. SV 베르더 브레멘와의 34라운드 경기에서는 후반 53분 헤딩으로 결승 골인 리그 10호 골로 팀의 2 대 1 승리를 이끌었다. 이로써 두 시즌 연속 두 자릿수 득점을 달성하는 득점 행진을 이어갔다.

2014-15 시즌에서도 그의 활동을 돋보였다. SL 벤피카와의 UEFA 챔피언스 리그 조별 리그 C조 2차전에서 전반 34분 팀의 두 번째 골을 터트렸다. 레버쿠젠이 3 대 1로 승리하면서 손흥민의 골은 결승골로 빛났다. UEFA는 10월 3일 인터넷 홈페이지를 통해 2라운드 베스트11을 발표할 때 손흥민을 포함시켰다.

챔피언스 리그에서의 역할

2014년 11월 5일 열린 UEFA 챔피언스 리그 조별 리그 4라운드에서 FC 제니트 상트페테르부르크를 상대로 챔피언스 리그 2, 3호 골로 멀티 골을 터뜨리면서 팀이 2 대 1로 승리하는 데 큰 기여를 했다. 여기서도 MOM에 선정되었는데, 특히 UEFA는 "손흥민이 2골을 터뜨려 레버쿠젠이 3연승을 달릴 수 있었다."라고 칭찬했다. 2라운드에 이어 챔피언스 리그 주간 베스트 11에 선정되었다.

2015년 2월 14일 푸스발-분데스리가 2014-15 21라운드 VfL 볼프스부르크와의 경기에서 통산 2번째 통쾌한 해트트릭으로 골 잔치를 펼쳤다. 그러나 바스 도스트가 4골을 넣는 활약에 밀려 4 대 5로 패배하였다. 경기가 끝난 후에는 케빈 더 브라위너와 유니폼을 교환하는 모습을 보여 주었다. 이 경기는 VfL 볼프스부르크가 바이아레나에서 기록한 첫 승이었다.

2015년 4월 11일 마인츠와의 리그 경기에서 1골을 성공시켜 리그 11호 골이자 시즌 17호 골을 기록하였다. 이로써 세 시즌 연속 두 자릿수 득점 기록을 세웠다.

토트넘 홋스퍼 FC 2015-16 시즌에서는 더욱 눈부신 활약을 펼쳤다. 2015년 8월 독일과 영국의 언론으로부터 토트넘 홋스퍼 FC 이적설이 보도되었다. 2015년 8월 28일 토트넘 홋스퍼 FC는 2,150만 파운드의 이적료로 손흥민과 5년 계약을 체결하였다고 발표한 것이다. 이로써 손흥민은 10년 만에 토트넘 홋스퍼 FC의 유니폼을 입은 한국 선수가 됐는데 공교롭게도 입단 날짜가 8월 28일 똑같은 날이었다.

그해 9월 17일 토트넘 홋스퍼 FC 홈구장인 화이트 하트 레인에서 열린 카라바흐와의 2015-16 UEFA 유로파 리그 J조 1차전에서 히샤르 아우메이다에게 허용한 골을 따라잡는 동점 골을 기록하며 손흥민이 토트넘에서의 첫 골을 기록하였다. 2분 뒤인 전반 29분에는 역전 골을 성공시키며 멀티 골을 기록한 뒤 후반 23분 해리 케인과 교체되었다. 경기는 케인의 쐐기 골과 함께 3 대 1로 마무리되었다.

이날 오랜만에 최전방 스트라이커로 나선 손흥민은 양 팀 선수 가운데서 최고 평점인 9.2점을 기록하여 MOM에 선정되었다. 9월 20일 홈구장에서 열린 2015-16 EPL 6라운드에서 68분 크리스티안 에릭센의 패스를 받고 질주한 뒤 강력한 왼발 슛으로 결승 골을 기록했다. 이 골로 손흥민은 자신의 프리미어 리그 데뷔 골이자 리그 1호 골을 만들었다. 이날 손흥민은 양 팀 선수 가운데 최고 평점인 8.3점을 기록하여 MOM에 올랐다.

11월 23일 웨스트햄에 승리한 리그 홈경기에서 후반 38분 워커의 쐐기 골을 도우며 정규 리그 첫 도움을 기록하였다. 11월 27일 아제르바이잔의 아그담의 토피크 바흐라모프 스타디움에서 열린 카라바흐와의 유로파리그 조별 예선 5차전에서는 선발 선수로 출전해 해리 케인의 결승 골을 도우면서 팀의 1 대 0 승리를 이끌었다.

12월 11일 영국 런던의 화이트 하트레인에서 열린 AS 모나코와의 유로파 리그 조별 예선 6차전에 선발 출전해 1도움을 올리면서 팀이 4 대 1로 완승을 거두는 데 기여했다. 리그 19라운드에서는 교체 출전해 후반 44분 트리피어의 크로스를 힐 킥으로 넣어 극적으로 승리를 거두었다. 이 골은 9월 20일 EPL 데뷔 골이 나온 지 3개월 만에 나온 시즌 4호 골이자 프리미어리그 2호 골이었다.

토트넘 최우수 선수의 영광

손흥민의 기록 도전은 끝없이 이어지고 있다. 2015년이 저물고 새해 2016년 1월 20일 레스터 시티를 상대한 2015-16 FA컵 3라운드 재경기에서 선발 출전해 39분 선제골을 터뜨린 데 이어 66분 정확한 패스로 나세르 샤들리의 쐐기 골을 도우며 팀의 FA컵 32강 진출을 이끌어 냈고, 경기 MOM으로 선정되었다.

3월 18일 열린 2015-16 UEFA 유로파 리그 16강 2차전 보루시아 도르트문트와의 경기에서도 만회 골이자 유로파 리그 3호 골과 동시에 시즌 6호 골을 터뜨렸다. 하지만 팀은 1, 2차전 합계 1 대 5로 크게 무너졌다.

5월 3일 열린 리그 36라운드 첼시와의 경기에서 선발 출장해 이바노비치의 패스미스를 따낸 해리 케인이 에릭센에게 공을 넘겨주었고, 마침 침투해 들어가던 손흥민이 에릭센의 스루패스를 받아 오른발로 골문에 밀어 넣는 극적인 장면을 연출했다. 4개월 만에 기록한 리그 3호 골이자 시즌 7호 골이었다. 경기 후 축구 통계 웹사이트 후스코어드닷컴은 손흥민에게 팀에서 두 번째로 좋은 평점인 7.54를 안겨 주었다.

이어 2016년 5월 8일 사우스햄튼 FC 경기에서도 선발 출전했고 골키퍼를 포함해 3명의 선수를 제치고 선제골을 넣었다. 이날 경기 이후 손흥민은 축구 통계 웹사이트 후스코어드닷컴에서 토트넘 최우수 선수로 선정되는 행운을 따냈다. 그러나 팀은 1 대 2로 역전패 당했다.

2016-17 시즌 개막을 전후로 VfL 볼프스부르크 이적설이 제기되었으나, 토트넘 홋스퍼 FC 측이 볼프스부르크의 제의를 거절하며 일단락되었다. 9월 11일에 있었던 스토크 시티와의 경기에서 2골을 터뜨리고 케인의 골을 어시스트하는 활약을 펼치며 팀의 4 대 0 대승 기록을 세웠다.

손흥민은 이 경기에서 MOM으로 선정되었으며 프리미어 리그 주간 베스트11, 후스코어드 선정 유럽 5대 리그 베스트11에 이름을 올렸다. 선덜랜드와의 경기에서도 눈부신 맹활약을 펼치며 득점자인 해리 케인보다 높은 평점인 8.3점을 받아 2경기 연속 MOM에 선정되었다.

이어 미들즈브러와의 리그 6R 경기에서 멀티 골, 드리블 돌파 성공 7회, 패스 성공률 90%, 키패스 2개를 기록하며 3경기 연속 MOM에 선정되었고, 지난 4R에 이어 프리미어 리그 주간 베스트11, 후스코어드 선정 유럽 5대 리그 베스트11에도 이름을 올렸고, 프리미어 리그 이 주의 선수로 선정되었다.

잉글랜드 프리미어 리그(EPL) 사무국은 공식 홈페이지를 통해 선수들의 순위를 매겼는데 각종 수치를 종합해 매긴 통계 부문에서 37포인트로 9위에 이름을 올리며 역대 한국인 프리미어 리거 가운데 유일하게 10위권에 진입하는 데 성공했다.

CSKA 모스크바와의 UEFA 챔피언스 리그 조별 리그 E조 2차전 경기에 선발로 나서 결승골을 넣으며 4경기 째 공식 MOM으로 선정되었다. 영국 BBC에서도 MOM으로 손흥민을 뽑았다. 스카이 스포츠가 선정하는 2016-17 시즌 선수 파워 랭킹 6주차 순위에서는 맨체스터 시티의 데 브라이너에 이어 2위가 되었다.

맨체스터 시티 FC와의 7R 경기에 최전방 원톱으로 선발에 나서 델레의 골을 어시스트해 리그 2호 도움을 기록하며, BBC에서 MOM, 주간 베스트11에 선정되었으며, ESPN 선정 주간 베스트 11에도 이름을 올렸다.

그때 EPL 사무국은 공식 홈페이지를 통해 선수들의 순위를 매겼는데 8번째에 이름을 올리며 지난 9위에서 한 계단 상승하는 기록을 세웠다. 축구 통계 웹사이트 후스코어드는 손흥민을 프리미어 리그 9월의 선수로 선정하였고, 유럽 5대 리그 9월 베스트 11으로 선정하였다.

아시아 선수가 이달의 선수로 선정된 것은 최초의 일이 벌어진 것이다. 글로벌 스포츠 매체 ESPN이 선정하는 이주의 유럽 5대 리그 파워 랭킹 10위에도 이름을 올렸다. 더구나 스카이스포츠가 공개한 EPL 7주차 파워 랭킹에서는 1위를 기록하였다. 유럽 스포츠 미디어 그룹 ESM이 발표하는 9월 유럽 베스트 11에도 선정되었다.

EA 스포츠 선정 '9월의 선수'로 뽑힌 손흥민은 이달의 선수상을 아시아 최초로 수상하는 영광을 안았다. 하지만 손흥민은 여기에 멈추지 않고 더욱 기량을 다듬어 나갔다.

2017-18 시즌을 앞두고 팔 골절 부상으로 프리시즌 및 개막전에 불참했지만 프리미어 리그 3라운드 스완지 경기에선 왼쪽 윙백으로 선발 출전해 좋은 모습을 보여 주었다. 필 네빌은 "손흥민에게서 박지성의 모습이 보인다."라고 극찬했다.

한국 축구의 전설인 차범근 해설위원과 박지성 유스전략위원회 위원장은 이구동성으로 "손흥민은 자신들을 능가하는 축구 성적과 실력을 보유하고 있다."라고 높이 칭찬했다.

2019년 4월 18일 영국 맨체스터의 에티하드 스타디움에서 펼쳐진 맨체스터 시티와의 2018-2019 유럽축구연맹(UEFA) 챔피언스 리그 8강 2차전 경기에서 멀티 골을 기록했다. 토트넘은 이날 경기에서 3 대 4로 패배했지만, 1·2차전 종합 스코어에서 4 대 4 동률을 이뤘고 원정 다득점 원칙에 따라 4강행 티켓을 따냈다. 이날 2골을

추가한 손흥민은 시즌 20호 골
을 달성했다.

2019년 12월 8일, 번리 전에
서 73m 드리블로 원더 골을 터
트리며 화제가 되었다. 이 골은
2020 프리미어 리그 올해의 골
에 선정되고 한국인 최초로 푸
스카스 상을 받았다. 2020년 2
월 16일, 손흥민은 아스톤 빌라
를 상대로 2골을 기록해 3 대 2
로 토트넘이 승리하는 데 기여

했다. 그때 경기 도중에 상대팀 에즈리 콘사와 부딪쳐 오른팔에 전완
골부 요골 골절이 확인되어 수술받고 재활 치료에 들어갔다.

2020년 9월 20일 사우샘프턴 FC을 상대로 4골을 기록함으로써
자신 커리어에서 프리미어 리그 첫 해트트릭과 동시에 한 경기 최
다 골과 EPL에서 아시아 선수로는 첫 번째 포트트릭을 달성했다.

10월 A매치 휴식기 이후 2020년 10월 19일 열린 웨스트햄 유나이
티드와의 홈경기에서 경기 시작 45초 만에 골을 기록함으로써 토트
넘 홋스퍼 스타디움의 최단 시간 골 기록을 세웠고 1도움도 추가로
기록했다. 2020년 10월 27일 번리와의 경기에선 후반 31분 결승 헤
더 골을 기록하며 리그 8골을 터뜨리고 득점 단독 1위에 올라섰다.

2021년 1월 2일 새해 첫 경기인 리즈 전에서 토트넘 소속 통산

100호 골을 넣었고, 1월 6일 카라바오컵 4강 브렌트퍼드 경기에서는 유럽 무대 통산 150호 골을 기록했다.

국가대표 선수로서의 경력

손흥민은 2009년 나이지리아에서 열린 FIFA U-17 월드컵에서 대표팀 최다 골인 3골을 넣으면서 대한민국이 8강에 오르는 데 크게 이바지했다.

2010년 12월 한국 축구 국가대표 선수로 발탁되었는데, 이는 만 18세 175일로 최연소 태극 마크를 가슴에 단 기록이며 국가대표 발탁 기록으로는 역대 4번째 기록이다. 그해 12월 30일 시리아와의 평가전 후반전에 김보경과의 교체 출장으로 첫 A매치 데뷔전을 치렀다. 2011 카타르 아시안컵 국가대표로 출전한 그는 인도와의 경기에서 후반 36분 A매치 데뷔 골을 터뜨렸다.

2011년 10월 12일 손흥민의 아버지 손웅정이 소속팀 적응 문제와 어린 선수인 점을 들어, "성장하기 전까지는 국가대표 선수로 차출을 자제해 달라."라는 요구를 했다. 이에 대해 국가대표팀 조광래 감독은 "가급적 자제하겠으나 중요한 경기에 필요하다면 차출할 것"이라고 맞섰다.

2012년 런던올림픽을 앞두고 손흥민은 "소속 팀인 함부르크에서의 훈련에 힘을 다하기 위해 런던올림픽에 출전하지 않겠다고 말했다."라는 오보가 나와 한때 문제가 되었다. 그러나 손흥민은 "사실과 다르다"고 말했다. 2012년 10월 17일 2014 브라질 월드컵 4차 예선 이란전에서 최강희 감독이 이끄는 대표팀 교체 명단에 이름을 올렸고, 경기에도 교체 출전하였지만 한국은 이란에 0 대 1로 패하고 말았다.

2013년 2월 6일에 열린 크로아티아와의 친선 경기에서는 선발로 출장했으나 득점을 올리지 못했고, 한국은 0 대 4로 무너졌다. 함부르크에서와 달리 국가대표팀에서는 인상적인 모습을 보여 주지 못하며 자리를 잡지 못하는 모습을 보였으나, 2013년 3월 26일 카타르와의 2014년 FIFA 월드컵 아시아 지역 최종 예선 경기에서 후반 36분에 교체 출장했고, 후반 51분 경기 종료 직전에 역전 골을 넣어 한국이 카타르를 상대로 승리를 거둬 본선 진출의 길을 열었다. 2014년 3월 6일 그리스와의 친선 경기에서 전반 18분 박주영의 골을 도왔으며, 후반 10분 쐐기 골을 넣음으로써 한국의 2 대 0으로 완승을 거두었다.

2014년 FIFA 월드컵에 최종 명단 포함되어 알제리 축구 국가대표팀과의 2차전 후반전에 만회 골을 넣으며 월드컵 데뷔 골을 기록했다. 3차전 벨기에 전에서 패한 후 눈물을 흘리는 모습이 TV 카메라에 잡혔다.

2014년 12월 22일 발표된 2015 AFC 아시안컵 최종 명단에 포함되었다. 2015년 AFC 아시안컵에서 손흥민은 3득점을 올렸는데 이 중 결승에서 나온 버저비터 동점 골은 한국 축구 국가대표팀의 아시안컵 100호 골이라 더욱 감명이 깊었다. 하지만 한국의 결승에서 연장까지 가는 접전 끝에 오스트레일리아에 1 대 2로 패하고 준우승에 머물렀다. 비록 준우승이었지만 아시안컵 2015 드림팀에 곽태휘, 차두리, 기성용과 함께 나란히 이름을 올렸다.

2015년 9월 3일에 있었던 라오스와의 경기에서 국가대표 발탁 이후 첫 해트트릭을 기록하였는데, 이 경기에서 한국이 8 대 0 대승을 거두었다.

2016년 10월 6일 수원 월드컵경기장에서 열린 카타르와의 2018년 FIFA 월드컵 아시아 3차 예선 3차전에 선발로 출장해 기성용의 선제골을 도왔고, 역전골을 넣으며 1골 1도움으로 한국의 3 대 2 승리를 이끌어 경기 MVP로 선정되었다. 이 경기는 손흥민의 50번째 A매치 출전이었는데 1980년대 이후만 놓고 보면 박지성(23세 349일), 기성용(24세 13일)에 이어 역대 세 번째로 어린 나이이며 역대 한국 축구대표 선수 중에 A매치 50경기 이상을 뛴 선수가 69명인데 손흥민은 그중 열 번째로 어린 나이로 달성한 출전 기록이다.

2018년 FIFA 월드컵 조별 예선 멕시코와의 2차전 경기에서 종료 직전 1골을 기록하여 0패를 면했다. 조별 예선 독일과의 3차전 경기에서도 후반 추가 시간 1골을 기록하여 2 대 0 승리를 따냈다. 박지성, 안정환에 이어 손흥민은 월드컵 통산 3번째 골을 넣은 대한민국 선수로 기록됨과 동시에, 한국 선수 최초로 기록한 월드컵 2경기 연속 득점이며 월드컵 통산 34번째 득점이다.

월드컵을 마감한 뒤에 토트넘 홋스퍼 FC 구단의 허락을 받아 와일드카드(wild card)로 출전했다. 이는 정상 방식으로는 플레이오프에 진출을 못 했지만 특별한 방식으로 플레이오프에 진출하는 팀 또는 선수를 말한다. 와일드카드로 출전한 2018년 아시안게임에서는 주로 공격보다 볼 배급 및 상대편 수비진 유인에 주력한 탓에 비록 1골에 그쳤지만, 5개의 어시스트를 기록하며 한국의 아시안게임 2연패 및 통산 5회 우승에 기여했다. 자신도 국제대회에서의 첫 우승을 맛보면서 병역특례까지 누리게 되었다.

2022년 FIFA 월드컵 아시아 지역 최종 예선에서 4골을 터뜨려 한국의 11회 연속 월드컵 본선 진출이라는 대업을 이루었다. 2022년 6월 6일 칠레와의 친선 경기에서는 A매치 통산 100번째 경기에 선발 출전하며 한국 선수로는 16번째로 센추리 클럽(century club)에 이름을 올리는 영예를 안았다. 이 경기에서는 결승 골까지 터뜨리며 팀의 2 대 0 완승을 이끌었다.

주요 출전 국제대회

2008년 AFC U-16 축구 선수권 대회 국가대표

2009년 FIFA U-17 월드컵 국가대표

2011년 AFC 아시안컵 국가대표

2014년 FIFA 월드컵 국가대표

2015년 AFC 아시안컵 국가대표

2016년 리우 올림픽 국가대표

2018년 FIFA 월드컵 국가대표

2018년 자카르타-팔렘방 아시안게임 국가대표(와일드카드)

2019년 AFC 아시안컵 국가대표

2022년 FIFA 월드컵 국가대표 주장

존재감 폭발의 절묘한 해트트릭

손흥민의 절묘한 해트트릭은 한편의 드라마보다 더 짜릿한 맛이 있다. 그는 지긋지긋했던 골 가뭄을 털어내고, 해트트릭으로 부활포를 화려하게 쏘아올린 스타다.

영국 런던의 토트넘 홋스퍼 스타디움에서 열린 레스터 시티와의 2022-23 잉글랜드 프리미어 리그 8라운드 홈경기에서 후반 14분 히샬리송 대신 교체 선수로 들어가 소나기처럼 3골을 터뜨리며, 토트넘의 6 대 2 대승을 이끌면서 관중들을 열광시켰다.

손흥민의 해트트릭은 '존재감 폭발'의 절묘한 드라마라는 찬사가 그라운드를 가득 채웠다. 토트넘의 안토니오 콘테 감독은 손흥민을 선발에서 제외하고 벤치에 대기시켰다. 최전방을 히샬리송-해리 케인-데얀 쿨루셉스키로 구성한 것이다. 중원은 라이언 세세뇽-피에르 에밀 호이비에르-로드리고 벤탄쿠르-이반 페리시치, 수비는 클레망 랑글레-에릭 다이어-다빈손 산체스, 골문은 위고 요리스가 지켰다.

경기 초반부터 두 팀은 한 골씩 주고받았다. 선제골은 레스터의 몫이었다. 전반 4분 산체스가 저스틴에게 파울을 범하며, 페널티킥이 선언됐다. 키커로 나선 유리 틸레만스가 성공시켰다.

토트넘도 곧바로 동점 골을 터뜨리면서 따라붙었다. 전반 8분 오른쪽에서 쿨루셉스키의 크로스를 헤더로 마무리지었다. 전반 21분에는 코너킥 상황에서 페리시치의 패스를 다이어가 머리로 받아 넣으며 전세를 뒤집었다.

그러나 레스터의 반격도 만만치 않고 거세게 달아올랐다. 전반 40분 제임스 메디슨의 발리 슈팅이 토트넘 골문에 꽂히면서 전반을 2-2 동점으로 마쳤다. 다시 원점으로 돌아간 셈이다.

후반에도 많은 골이 쏟아졌다. 토트넘은 다시 앞서나가면서 골 세레머니를 펼쳤다. 후반 2분 벤탄쿠르가 전방 압박으로 공을 탈취한 뒤 상대 문전으로 질주하며 오른발 슈팅을 골로 성공시키며 상대방 골문을 흔들어 놓았다.

감독의 용병술은 기막힌 찬스를 만들었다. 토트넘은 공격의 날카로움을 더하기 위해 후반 13분 히샬리송 대신 손흥민을 교체 투입했다. 손흥민은 무력시위라도 하듯 원맨쇼 활약을 선보이며 넓은 그라운드를 휘저었다. 성난 야생마가 된 것이다. 고대하던 1호 골이 터진 것은 후반 27분. 직접 아크 정면까지 드리블을 통해 수비 2명을 무너뜨리는 오른발 슈팅으로 골망을 흔들어 버렸다.

1골에 만족할 손흥민이 아니었다. 욕심이 폭발하면서 발걸음이 더욱 빨라졌다. 후반 39분 페널티 박스 모서리 근처에서 특유의 왼발 감아차기 슈팅으로 추가골을 넣었다. 그로부터 불과 1분 뒤에는 호이비에르가 왼쪽을 파고들던 손흥민에게 내준 패스를 오른발 슈팅으로 마무리했다. 손흥민의 해트트릭으로 토트넘은 4골 차 대승을 한순간에 거머쥐었다.

손흥민은 경기의 부담 털어내면서 9경기 만에 득점포를 쏘아 올렸다. 지난 시즌 프리미어 리그 득점왕으로 월드클래스임을 입증했다. 하지만 이번 2022-23 시즌 초반 기나긴 무득점 행진이 이어졌다. 자그마치 공식 대회 8경기 연속 0골이었다. 오랜 가뭄 끝에 통쾌한 골 폭탄이 화려하고도 다이내믹하게 터졌다.

시즌 내내 모든 경기에서 선발로 나왔던 손흥민은 이날도 벤치에서 경기를 지켜보았다. 리그에서 손흥민이 교체로 나온 것은 2021년 4월 뉴캐슬전 이후 이번이 1년 5개월 만이다.

그럼에도 손흥민은 후반 투입돼 짧은 시간 동안 자신의 기량을 유감없이 드러내며 뽐냈다. 후반 28분부터 41분까지 13분 만에 3골을 몰아친 것이다. 손흥민이 마수걸이 골을 터트리자 팀 동료들은 손흥민을 축하했다.

2021-2022 시즌 최종전이었던 5월 노리치전 이후 약 4개월 만에 득

점포였다. 또 손흥민이 프리미어 리그에서 해트트릭을 기록한 것은 2020년 9월 사우샘프턴(4골), 2022년 4월 아스톤 빌라전 3골에 이어 세 번째다. FA컵에서는 2017년 3월 밀월전에서 3골을 터뜨렸다.

토트넘 진출에 앞서 독일 분데스리가에서는 2013년 함부르크, 2015년 볼프스부르크를 상대로 해트트릭을 달성한 바 있다. 이번 이 자신의 프로 통산 6번째 해트트릭이다.

경기가 끝난 뒤 영국 축구 매체 〈풋볼 런던〉은 손흥민에게 최고 평점인 10점을 부여했다. 이 언론은 "손흥민의 시즌 첫 골은 경기 장에 큰 환호를 불러 일으켰다. 그리고 2골을 더 넣으며 그는 자신의 가치를 입증했다."라고 덧붙였다. 이밖에도 영국 〈스카이 스포츠〉와 〈이브닝 스탠다드〉 역시 최고 평점인 9점을 매겼다.

아시아인 최초로 EPL 골든 부츠를 받은 손흥민 선수

어려울 때 도와준 은인에 감사

손흥민은 어려울 때 도와준 은인을 진심으로 추모했다. 2022년 10월 7일 SNS를 통해 세상을 떠난 벤트로네 코치를 추모한 것이다. 토트넘은 6일 벤트로네 피지컬 코치가 세상을 떠났다고 밝혔다. 현지 언론은 사인이 백혈병이라고 보도했다.

그다음 날 손흥민은 SNS에 "특별한 사람이 하늘나라로 떠났다. 잔피에로는 내가 어려울 때 도와준 사람이다. 놀라운 순간들을 함께 나눴다. 그 고마움은 말로 표현하기 어렵다."라면서 슬픈 마음을 드러냈다. 그리고는 "우리 모두 당신을 그리워할 것이다. 친구여, 모두 감사하다. 당신과 당신 가족에게 사랑을 전한다."라고 전했다.

토트넘도 구단 홈페이지를 통해 "경기장 안에서는 벤트로네에게 의지했고 밖에서는 사랑으로 대했다. 토트넘은 그를 그리워할 것이다. 슬픔에 잠긴 그의 가족과 지인들에게 조의를 표한다."라고 밝혔다.

벤트로네 코치는 2021년 11월 토트넘에 합류해 선수들과 함께했다. 유벤투스, 카타니아(이상 이탈리아), 장쑤 쑤닝, 광저우 헝다(이상 중국) 등에서 활동한 베테랑이다. 토트넘이 프리시즌 평가전을 위해 내한했을 당시 무더운 날씨 속에서 손흥민을 비롯한 토트넘 선수들을 '지옥 체력 훈련'을 시켜 낯이 익은 인물이기도 하다.

손흥민과의 인연은 더욱 각별하다. 레스터시티전에서 8경기 무득점을 끝내는 해트트릭을 달성하고 벤트로네 코치와 긴 포옹을 나눴다. 그 뜨거운 포옹이 죽음의 고별사로 다가온 것이다. 은인에 대한

고마움, 그것도 세상을 떠난 사람을 생각하며 그 유가족을 위로한 스포츠 스타의 인간미가 새롭게 다가온다.

스포츠 스타와 병역 문제

손흥민도 국방의무를 지켜야 했다. 한국 축구 국가대표팀이 2012 런던올림픽에선 사상 첫 동메달을 따냈고, 2014 인천 아시안 게임에선 28년 만에 금메달을 목에 거는 등 2번이나 병역 특례의 기회가 있었지만 각각 감독의 외면 및 소속 팀의 차출 거부로 무산되었다. 운이 없다고 할 수밖에 없는 경우이다.

2012 런던올림픽 당시 출전하지 못했는데, 그 이유는 아버지의 차출 거부 때문이라는 루머가 퍼졌으나, 손흥민의 차출 논란이 있었던 것은 국가대표팀 조광래 감독으로 밝혀졌다. 홍명보 감독 시절의 올림픽 대표팀 때에는 손흥민의 성적표가 시즌 후반이 되어서야 드러나면서 선발 가능성이 높지 않은 상태였다. 그때 홍명보호는 청소년 대표팀 시절부터 올림픽을 위해서 손발을 맞춰온 팀이었으며, 홍 감독 본인이 이러한 부분을 굉장히 중요하게 생각했다.

손흥민은 홍명보호에 한 번도 선발된 일이 없었다. 특히 아시아 지역 예선에서도 선발된 일이 없어 팀에 녹아들기 어렵다는 고려에서 제외된 것으로 알려졌다. 하지만 이 당시에는 손흥민의 엔트리 제외가 충분히 예상되는 상황이었기 때문에 올림픽 멤버 발표 이후에도 손흥민의 탈락이 크게 화제가 되지는 못했다.

손흥민의 2012 런던올림픽 차출과 관련하여 당시 하나의 해프닝이 있었다. 독일의 한 축구 전문 매체에서 손흥민이 "올림픽에 불참하겠다."라고 하는 기사를 실은 것이다. '손흥민 올림픽 불참 선언… 소속 팀에 집중하겠다.' 그러나 곧이어 손흥민 측에서 인터뷰나 입장 발표를 통해 "해당 매체와 어떠한 인터뷰도 한 일이 없다."라고 반박하면서 오히려 "적극적으로 올림픽에 출전하고 싶다"고 밝혔다. 손흥민 '올림픽 대표 차출 거부는 사실 무근'이라는 핫이슈가 떴다.

2014 인천 아시안게임의 경우 손흥민 본인의 의지도 강했고 대한축구협회와 이광종 감독도 손흥민 차출을 위해 백방으로 노력했으나 소속 팀 바이어 04 레버쿠젠의 반대를 꺾지 못했다. 축구협회는 손흥민이 팀의 핵심 선수임을 고려하여 대회 도중 한국으로 넘어와 토너먼트 4경기만 뛰게 하겠으며 다음 A매치 기간 중에는 차출하지 않겠다는 절충안까지 제시했으나 레버쿠젠은 요지부동이었다.

2016 리우데자네이루 올림픽에서는 마침내 와일드카드로 선발되었고 독일 상대로 골을 넣는 등 활약했으나 8강전에서 온두라스 축구 국가대표팀을 상대로 1 대 0으로 패배하여 이번에도 병역 특례는 무산되었다. 더군다나 경기 내용 면에서도 실점이 많아 손흥민의 병역 문제는 논외처럼 되어 있었다.

실점의 빌미가 된 패스미스 이외에도 겉멋 패스, 무리한 드리블 후 뺏김 등 안 좋은 상황이 많이 나왔던 때문이다. 물론 한 경기에서의 부진만으로 지탄을 받는다는 것은 너무하다는 여론도 있었다. 손흥민은 사실상 골을 넣어야 하는 의무가 있는 선수인데 병역특례가 걸려 있는 경기에서 무리한 플레이가 이어졌다는 말들이 많았다.

더구나 손흥민의 최종 학력이 고교 중퇴로 되어 있기 때문에 2015년 6월 개정된 병역법에 따라 보충역 편입 대상이며, 군 복무를 만 35세까지 연기할 수 있다. 사실상 보충역으로 분류되어 사회복무요원 소집 대상이 되면 병무청으로부터 만 27세까지 해당 사유에 따라 국외 여행 허가를 받을 수 있다.

손흥민의 경우 국외 취업을 한 경우에 해당되어 최대 3년까지 해외 체류 허가가 가능하다. 그가 병역 특례를 받기 위해서는 2018 자카르타·팔렘방 아시안게임에서 와일드카드로 선발되고 반드시 금메달을 획득해야 했다. 동메달만 획득해도 병역 특례를 받게 되는 올림픽과 달리 아시안게임은 금메달만 특례가 부여된다.

다행히도 토트넘 홋스퍼 FC에서는 차출을 허가했고, 무사히 김학범호에 승선했기 때문에 병역 특례의 유무는 본인이 활약하기에 달린 상황이었다.

손흥민이 37세까지 병역을 미룰 수 있다는 말이 나돌았다. 손흥민이 해외에서 부모님과 체류함에 따라 병역법에서 혜택을 적용받아 37세까지 미룰 수 있다는 얘기였다. 그러나 6년 전 박주영이 이런 문제로 논란을 빚었던 일이 있어서 손흥민도 이를 섣불리 실행할 수는 없다는 의견도 있었다.

2018 자카르타·팔렘방 아시안게임에서 대한민국이 결승전에 진출하면서 병역 문제 해결도 코앞으로 다가왔다. 항상 대한민국에게 고통을 안겨 주는 이란 축구 국가대표팀, 본 대회 강력한 우승후

보이자 사실상 미리 보는 결승전 상대였던 우즈베키스탄 축구 국가대표팀, 박항서 감독이 만든 언더독 베트남 축구 국가대표팀을 차례로 무너뜨리며 만난 마지막 상대는 공교롭게도 일본 축구 국가대표팀이었다.

이 대회에 참가한 손흥민은 골을 노리는 역할보다는 경기 조율과 수비 가담을 위해 헌신적인 모습을 보였다. 이미 대한민국은 똑같이 병역이 걸렸던 2012 런던올림픽 동메달 결정전에서 일본을 격침시킨 일이 있다.

병역 혜택을 받을 수 있는 두 번의 기회가 있었지만 차출되지 못했고, 처음 얻었던 기회는 손흥민 스스로 살리지 못해 무산되었다. 마지막 기회가 되는 아시안게임에서 그동안의 모든 논란을 잠재울 순간이 찾아온 것이다. 대회 2연패와 병역이 걸린 상황인데 하필 상대가 일본이니 동기 부여는 최고조에 이르렀다. 더군다나 우승한다면 손흥민 개인으로서도 클럽과 대표팀 통틀어 프로 통산 첫 우승이다.

아시안게임 결승에서 연장까지 가는 접전 끝에 일본을 2 대 1로 꺾고 금메달을 차지하면서 병역 특례까지 받았다. 손흥민은 후반전에는 일본의 집중 견제에 가로막혀서 아쉬운 모습을 보이기도 했으나 연장전이 시작되자마자 살아나서 위협적인 슈팅을 날렸으며, 이승우의 선제골과 황희찬의 추가골을 모두 어시스트하면서 결국에는 제 몫을 해냈다. 이렇게 손흥민은 6경기 1골 5도움을 기록하면서 대회를 마무리했다.

　결국 병역 특례 문제는 2018 자카르타 · 팔렘방 아시안게임에서 금메달을 따면서 완전히 해결됐다. 물론 예술체육요원으로서 4주 동안 기초 군사훈련은 받아야 한다.

　2020년 초에 터진 코로나19 때문에 3월 13일부터 프리미어 리그가 중단됐고 언제 리그가 재개될지 모르는 상황에서 일단 손흥민은 귀국하여 4월 20일 제주 서귀포에 주둔 중인 해병대 제9여단 91대대로 입영하여 기초 군사훈련을 받았다.

　해병대를 고른 이유는 보충역, 기능요원 등 대체복무 형태로 복무하는 자원들을 교육하는 훈련소 중에서 가장 짧은 훈련 기간인 3주 과정으로 훈련을 마칠 수 있기 때문인 것으로 알려졌다. 해병대 9여단에 입소해 3주간의 기초 군사훈련을 받은 뒤 5월 8일 퇴소했다.

　엘리트 운동선수로서 일반인과 격이 다른 신체적 능력을 유감없이 보여 주었는데, 각개전투와 행군 등에서 지친 모습을 보인 적이 없었으며 사격에서도 10발을 모두 맞혀서 157명의 훈련병들 중에 1등으로 수료하며 필승상까지 받았다고 한다. 기초 군사훈련을 끝마쳤고, 544시간의 봉사활동도 이수함에 따라 2023년 3월에 복무 만료 처분을 받고 병역 문제는 깨끗하게 해결되었다.

제4장
'허파 3개'를 지녔다는 박지성 스토리

'허파 3개'를 지녔다는 박지성 스토리

탁월한 지구력

박지성(朴智星)은 은퇴한 프로 축구 선수로 현역 시절 포지션은 윙어, 미드필더이며 현재 전북 현대 모터스의 테크니컬 디렉터 겸 퀸스 파크 레인저스 U-16 코치로 재직 중이다.

서울에서 태어난 그는 선수로 활동하는 동안 트로피 19개를 획득했다. 프리미어 리그에서 우승하고 UEFA 챔피언스 리그 결승전에 진출한 최초의 아시아 축구 선수이자 FIFA 클럽 월드컵에서 우승을 한 최초의 아시아인 선수이기도 하다.

그는 뛰어난 체력과 훈련, 프로 의식으로 유명했으며, 그의 지구력으로 인해 '허파 3개 가진 박(Three-Lungs Park)'이라는 별명을 얻었다.

어린 시절부터 축구를 시작한 그는 안용중학교와 수원공업고등학교에서 선수로 뛰었고, 명지대학교 축구부에서 활동했으며, 2000년에 일본으로 건너가 교토 퍼플 상가에서 활동하면서 프로 선수 경력을 쌓았다. 그 뒤 2003년에 대한민국 국가대표팀 감독을 맡았던 거스 히딩크가 네덜란드로 돌아가 감독을 맡은 팀인 네덜란드의 PSV 에인트호번에 입단하여 유럽 리그로 진출했다.

PSV가 2004-05년 UEFA 챔피언스 리그 준결승에 진출한 후 맨체스터 유나이티드 FC의 감독 알렉스 퍼거슨에게 인정을 받으며 2005년 7월에 맨체스터 유나이티드와 계약을 맺었다.

그는 프리미어 리그에서 4번 우승했고, 2007-08년 UEFA 챔피언스 리그, 2008년 FIFA 클럽 월드컵에서 우승하는 데에 기여하였다. 그 뒤로 주전 출전 횟수가 감소하자 2012년 7월 퀸스 파크 레인저스 FC로 이적했다. 그러나 이적 시즌에 자신의 부상과 소속 팀의 강등으로 인해 2013-14 시즌에 임대 형식으로 PSV 에인트호번에 합류했다. 그런 뒤에 2014년에 PSV에서의 활동하다가 선수 생활을 접고 현역에서 은퇴, 지도자로 변신했다.

한국 국가대표 선수로 활동하여 A매치 100경기에 출전하여 13골을 넣었다. 2002년 FIFA 월드컵에서 4위를 한 한국팀의 일원이었으며, 2006년 FIFA 월드컵과 2010년 FIFA 월드컵에서도 한국 국가대표 선수로 참가, 축구의 열정을 보여 주었다.

그의 경기 스타일은 무척 다양하다. 포지션은 멀티 플레이어이면서 박스 투 박스, 하드워커 유형의 선수이다. 그중에 가장 많이 출전한 포지션은 윙어로, 공격과 수비를 오가는 넓은 행동 반경과 많은 활동량 그리고 이를 뒷받침하는 스테미너가 가장 큰 특징이며 양발을 자유자재로 사용하므로 양쪽 측면에서 모두 뛸 수 있는 강점을 지녔다.

공을 다투는 경합 상황에서 집중력과 근성이 탁월하다. 공간을 잘 활용하는 능력과 영리한 움직임으로 정평이 나 있어서 알렉스 퍼거슨 감독도 이 점을 수차례 칭찬했다. 맨체스터 유나이티드 시절 윙어임에도 불구하고 공격력뿐만 아니라 수비적인 면에서도 탁월한 능력을 보여 주며, '수비형 윙어'라는 새로운 포지션의 장르를 개척한 다재다능한 면도 보였다. 패싱력도 뛰어나서 팀의 승리를 위해 항상 헌신적으로 기여한 스타이다.

2009-10 시즌의 중반이 지날 무렵에는 소속 팀의 측면 자원이 포화 상태에 이르자 그 시기부터는 중앙 미드필더로도 활약하여 좋은 모습을 보였다. 당시 AC 밀란과의 UEFA 챔피언스 리그 16강 1~2차전에서 중원에 배치되어 상대 공격의 핵인 안드레아 피를로를 철저히 봉쇄하여 그의 진가를 입증하였다. 리오 퍼디난드, 라이언 긱스, 파트리스 에브라, 알렉스 퍼거슨 감독은 이 경기를 그의 커리어 중 최고의 경기로 뽑기도 했다.

리그에서는 리버풀 FC과의 홈경기에서 다시 중앙 미드필더로 출장하여 결승골을 넣는 등 뛰어난 전술적 이해력도 보여 주었다. 측면과 중앙을 번갈아가며 기용되었다가, 퀸즈 파크 레인저스 FC로 이적한 후에는 그의 전매특허인 뛰어난 활동량과 수비력을 바탕으로, 대부분의 경기에서 주로 중앙 미드필더로 활약했다.

그는 월드컵에서 맨 오브 더 매치(팬 투표)에 3회 선정되었으며, 손흥민(6경기 3골), 안정환(10경기 3골)과 함께 14경기 3골로 한국의 월드컵 공동 최다 득점자 기록을 지녔다. 맨체스터 유나이티드에서 시즌이 끝난 뒤 귀국한 그는 한국 축구의 위대한 유산을 뒤로 한 채 2014년 5월 14일, 현역 은퇴를 선언했다.

현재는 국제축구평의회 자문위원, 전북 현대 모터스 테크니컬 디렉터로 활동하고 있다.

불우했던 학창 시절

박지성은 서울 신림동에 정착한 아버지 박성종과 어머니 장명자 사이의 외동아들로 태어났다. 아버지의 사정으로 전남 고흥군 점암면 신안리 775번지에서 성장했으며, 점암면의 신안초등학교(현 점암초등학교)를 다니다가 2학년 때 경기도 수원으로 이사했다.

수원 산남초등학교 4학년 때부터 축구를 시작한 그는 세류초등학교로 전학을 갔다. 6학년 때는 전국 대회에서 세류초등학교가 준우승을 차지해 차범근 축구상 장려상을 받았다. 안용중학교, 수원공업고등학교를 거치면서 축구 선수로 뛴 그는 명지대학교 김희태 감독의 눈에 띄어 명지대학교로 진학하게 되었다. 어려서부터 키가 작고 왜소하여 수원공고 1학년 시절에는 기본 훈련만 시켰을 정도였다. 아버지는 몸에 좋다는 보약을 먹게 하는 등 적극적으로 아들의 건강을 챙겨 주었다.

아버지 덕분에 박지성은 키가 7cm나 컸다고 말했다. 그는 1년 동안 혼자서 축구를 익혔다. 일종의 축구 독학에 전념한 것이다. 초등학교 4학년 때 축구를 시작했으나 한국 축구에서는 완전히 무명 선수였다. 그 자신도 "고교 시절은 K리그의 드래프트에도 뽑히지 못했다."라고 털어놓았다. 드래프트에 뽑히지 않은 이유로 당시의 지도자는 체격이 작다는 것을 꼽았다.

그러나 특기생으로 명지대학 축구부 합숙에 조기 합류하면서 그 때 열린 한국 올림픽 대표팀과의 연습 경기에서 두드러진 활약을 보이면서 두각을 나타냈다. 그 뒤로는 U-23 한국 대표에 뽑히는 행운을 안았다. 2000년 4월 5일에는 AFC 아시안컵 예선 라오스전에서 A 대표 데뷔도 했다.

히딩크호 엔트리 23명 중 차두리와 더불어 K리그에 들어간 그는 경력이 없는 2명 중의 한 명이었다. 축구 스타 차범근의 아들 차두리는 K리그에 입성하나 박지성은 은퇴할 때까지 K리그에 소속되지 않아 히딩크호 유일의 비K리거로 남았다.

일본 프로팀에 입단

대학 재학 중인 2000년 6월 그 재능을 조기에 프로에서 펼쳐야 한다고 생각한 김희태 감독은 당시 교토 퍼플 상가의 기무라 분지 총감독과 상담했다. 그 결과 교토의 가입이 실현되고, 일본에서 프로 데뷔하는 행운을 얻었다.

첫 시즌부터 중반의 대기로서 출전할 기회가 있었는데, 교토를 J2로 강등한 두 번째 시즌부터 그의 활약이 현저하게 나타났다. 주로 미드필더 포지션에서 38경기에 출전해 3득점을 올리며 두각을 나타낸 것이다. 교토의 J1 승격에 큰 공헌을 하며 재능과 실력을 인정받았다.

J1 승격 후에는 윙어로 옮겨 마츠이 다이스케, 쿠로베 테루 아키와 3톱을 형성했다. 2001년에 J2로 강등했지만 잔류하고 한국 대표팀에 소집되더라도 최대한 팀에 남는 등 헌신적인 모습을 보였다.

경기 중에 부상한 몸으로 제82회 일왕배 결승에 출전하여 동점골을 넣고 역전 우승에 공헌했다. 동시에 한국 A대표팀에서도 점차 주전으로서의 지위를 굳혀 나갔다. 재적 중에는 오사카 경제법학대학에 재학하며, 일본어를 유창하게 말할 수 있게 될 때까지 배우는 등 일본에 녹아들도록 자신을 연마하는 노력에 매달렸다.

그는 3년간 교토 퍼플 상가에서 당시 동료들과 함께 맹활약을 펼쳤다. 팀이 2부로 강등된 뒤에도 팀에 잔류하여 다양한 포지션을 소화하면서 팀을 다시 1부 리그로 이끌었다. 2003년 1월 1일에는 일본의 FA컵 대회격인 천황배 전 일본 축구선수권대회 결승에서 가시마 앤틀러스를 맞아 0 대 1로 뒤지던 상황에서 후반 7분 프리킥을 받아 헤딩으로 동점골을 성공시키고 다시 2 대 1로 역전승을 이끌었다.

교토 상가가 처음으로 우승컵을 안는 데 크게 기여했다. 이때 박지성과 교토 퍼플 상가의 계약은 2002년 12월 31일자로 종료되었으나 팀의 컵 대회 우승을 위해 계약 기간이 만료되었음에도 불구하고 경기에 출전해 팀을 우승으로 이끌어 찬사를 받았다. 교토 퍼플 상가는 박지성을 잔류시키기 위해 최선을 다했으나, 그는 유럽 무대에 도전하기로 결심하고 팀을 떠났다.

PSV 에인트호번으로 이적

2002년 FIFA 월드컵에서 대한민국의 4강 진출에 크게 기여한 박지성은 거스 히딩크 감독의 부름을 받고 2002년 12월 계약 기간 3년 6개월에 연봉 100만 달러라는 조건으로 에레디비지에의 PSV 에인트호번으로 이적하여, 2003년 1월 12일 입단식을 가졌다.

2003년 이적 초기에는 월드컵 이후 소속 팀에서 무리한 출전으로 인한 부상으로 제 기량을 발휘하지 못했고, 이로 인해 들쭉날쭉한 플레이를 펼쳤다. 그런 까닭에 홈팬들의 야유를 받는 일이 잦았다.

2003-04 시즌부터 몸값을 하기 시작했다. 이 시즌에도 처음에는 팀 동료인 마르크 판 보멀이 박지성의 서툰 네덜란드어 능력과 부진한 활약에 비판을 쏟아냈다. 심지어는 홈팬들로부터 야유를 받을 정도에 이르렀다. 그러나 PSV의 사령탑이던 거스 히딩크 감독도 이러한 사정을 감안해 그를 주로 원정 경기에만 투입하도록 배려하였다.

이에 따라 플레이가 위축되는 극심한 슬럼프를 겪었다. 그러나 이후 차차 페이스를 찾으면서 서서히 실력을 드러냈다. 점점 발군의 기량을 보이기 시작했고 팀 안에서 주요 선수로 자리를 굳혀 나갔다.

2004-05 시즌부터는 자신의 영역을 확고하게 다져 나갔다. 특히 아르연 로번이 프리미어 리그 첼시로 떠난 에레디비시 2004-05 시즌에 리그 3위를 기록할 것이라는 네덜란드 언론의 예상을 뒤집고 PSV 에인트호번이 에레디비지에를 제패하는 데 큰 활약을 보여 주었다.

UEFA 챔피언스 리그 4강에 입성하는 데도 공격진의 핵심 선수로서 눈부신 활동을 했다. 이렇게 되자 마르크 판 보멀은 지난 시즌에 박지성에게 퍼부었던 불만을 대해 공개적으로 사과하는 인터뷰까지 하면서 자신의 언동에 대해 용서를 구했다. UEFA 챔피언스 리그 2004-05 16강 AS 모나코 경기와 8강 올랭피크 리옹전 당시 해설가들은 박지성의 활동 반경과 위협적인 움직임에 대해서 아낌없는 격려와 찬사를 보냈다.

UEFA 챔피언스 리그 4강 AC 밀란과의 원정 1차전 때 0 대 2 패배한 뒤, 홈에서 열린 2차전에서 박지성은 AC 밀란과의 경기 초반 디다의 640분 무실점 기록을 종결하는 선제골을 기록하며 UEFA 챔피언스 리그 본선에서 최초로 골을 터뜨린 한국 선수가 되었다.

이 경기에서 PSV 에인트호번은 박지성의 선제골과 필립 코퀴의 2골을 포함 3 대 1로 승리하여, AC 밀란과 승점과 골득실 부문에서 모두 동률을 이루었다. 하지만 원정 다득점 원칙에 따라 결승에는 오르지 못했다. 그래도 경기 내내 종횡무진 활약을 보였던 박지성은 외신들의 아낌없는 찬사를 받았다.

그때 박지성을 상대했던 선수인 젠나로 가투소는 박지성을 마크했던 일이 괴로운 기억이었다고 밝히는 글을 일본의 축구 잡지에 보냈다. 시즌이 끝난 뒤 박지성의 거취가 화두에 오르게 되었는데, 주장을 맡고 있던 필립 코퀴는 "박지성이 우리 팀에서는 절대로 필요한 존재"임을 역설하는 내용의 칼럼을 실었다.

무엇보다 가장 인상적이고도 극적이었던 일은 그렇게도 박지성을 괴롭혔던 PSV 에인트호번 팬들의 야유가 열광적인 '위숭 빠레'

노래로 바뀌었다는 것이다. 위송 빠레는 '지성 박'의 네덜란드식 발음이다. '지'가 '위'로 '성'이 '송'으로, '박'의 네덜란드식 발음이 그렇게 환상적인 찬사로 다가온 것이다.

위송 빠레 가사가 한 포털 사이트 검색순위에 오르면서 화제였다. PSV 팬들이 정확히 뭐라고 발음하는지 어려워 국내 팬들은 '위송 빠르크', '위쑹 빠레', '지송 빠레' 등으로 부르기도 했다. 박지성의 활약에 감동을 받은 PSV 팬들이 영국의 팝그룹 '픽백'의 노래를 개작하여 '위숭 빠레'로 바꿔 부른 것이다.

박지성이 8년 만에 에인트호번에 돌아왔을 때 얘기이다.

"오랜만에 고향과 같은 곳, 에인트호번에 돌아왔는데 바뀐 게 거의 없다. 익숙하고 친숙했던 그대로다. 그나마 바뀐 것이라면 같이 뛰던 선수들이 아직도 어리다는 것이다. 그리고 내가 그때보다 나이가 더 많아졌다는 것뿐이다."

맨체스터 유나이티드로 이적하며 유럽 무대에서 성공 시대를 열수 있도록 터전을 마련했던 곳을 떠났다가 8년 만에 돌아왔다. 그때 박지성은 에인트호번을 '고향'이라고 말했다. 고향 땅을 다시 밟은 그는 "경기장이나 훈련장이나 모두 그대로다. 구단 직원들도 같다."라며 미소를 지었다.

에인트호번은 그에게 매우 특별한 곳, 기대와 관심이 매우 컸던 곳이다. 네덜란드 청소년은 물론 남녀노소 모두에게 박지성은 '슈퍼스타'이고 '우상'이며 동경의 대상이었다. 언론들도 "정말 뛰어난 능력을 갖춘 선수, 훌륭한 선수"라고 호평했다.

경기장이나 훈련장을 가릴 것 없이 박지성에게 사인을 받고자 하는 팬들로 항상 북적거렸다.

한마디로 그는 에인트호번 사람에게는 영웅 같은 존재였다. 팬이나 클럽이나 동료, 언론까지도 박지성을 '월드스타'로 예우했다.

하지만 박지성은 고개를 가로저었다. 8년 만에 돌아왔지만, 청운의 꿈을 갖고 네덜란드에 왔을 때와 크게 달라진 건 없다고 말했다. 에인트호번은 그에게 월드스타의 꿈을 키워 주고 열매를 맺게 해 준 보금자리다. 마치 고향 집에 온 것 같은 포근함, 어머니의 품에 안긴 것 같은 평온한 곳이다.

"에인트호번에 와서 필립스 스타디움에서 뛰는 건 마치 고향마을에서 뛰어노는 것처럼 편안한 기분이 든다. 환경이 낯설지 않고 익숙하다. 예전에 살았던 곳이라 매우 편하다. 그때나 지금이나 참 축구하기 좋은 환경을 갖췄다. 도시가 조용하고 훈련장 시설도 잘 갖춰져 있어 축구 이외에 다른 생각은 하지 않는다."라고 밝혔다.

'박지성 어부바' 세리머니의 데파이를 비롯해 바칼리, 마헤르 등 빅 클럽의 관심을 모으는 이들이 즐비한 곳, 유럽 명문 축구구단 PSV 에인트호번의 연고지인 에인트호번은 네덜란드 남부 노르트 브라반트 주에 있는 도시로, 암스테르담, 로테르담, 위트레흐트를 이은 네덜란드 제5의 도시이다. 인구는 22만 3,000여 명, 디자인 아카데미와 에인트호번 공과대학이 유명하다.

한국 축구의 위대한 유산

박지성이 33세 때 공식적으로 은퇴를 선언했다. 대한민국은 그의 축구와 함께 성장했다고 해도 과언이 아니다. 박지성이 그간 쌓은 업적 속에는 영광의 순간도 있었지만, 좌절의 순간이 더 길고 깊은 자국을 남겼다.

이름 없는 무명 선수가 세계적인 최고 스타로 우뚝 서기까지 참으로 눈물겨운 시련과 부단한 노력이 겹겹이 쌓였다. 우여곡절도 참 많았다. 특히 낯설고 물 선 해외에 나가 여러 클럽에서 겪었던 경력은 그의 성공 드라마에서 빼놓을 수 없다. 그가 한국 축구에 남긴 스토리는 '위대한 유산'으로 널리 퍼져 나갔다.

'꼴찌 팀을 우승팀으로' 만든 일본 교토 퍼플 상가의 이야기로부터 네덜란드의 PSV 에인트호번 팬들의 야유가 열광적인 '위숭 빠레'로 바뀌기까지 눈물겨운 이야기가 가득하다. 박지성은 3년간 교토 퍼플 상가에서 맹활약했다. 팀이 2부 리그 강등된 뒤에도 의리를 저버리지 않고. 잔류해 다시 1부 리그로 끌어올렸다. 박지성은 팬들과의 약속을 지키기 위해 계약이 2002년 12월 31일자로 종료됐지만, 팀의 첫 우승을 위해 기꺼이 경기에 출전하는 아름다움을 보여 준 것이다. 그건 인간 승리의 화려한 금자탑이다.

2002년 FIFA 월드컵에서 대한민국을 4강으로 이끈 눈부신 활약을 했던 박지성은 거스 히딩크 감독의 선택을 받아 네덜란드 에레디비지에의 명문팀 'PSV 에인트호번'으로 떠났다. 계약 기간 3년 6개월, 연봉 100만 달러. 처음엔 갈팡질팡 들쭉날쭉한 플레이를 한다며 엄청난 조

롱과 야유를 받았다. 극심한 스트레스 속에 엄청난 슬럼프에 빠졌다.

하지만 초심으로 돌아간 박지성은 마음을 가다듬고 심기일전해 최고의 자리로 올라섰다. 에인트호번의 2004-05 시즌 리그 우승에 이어 유럽축구연맹(UEFA) 챔피언스 리그 4강행에 들어가는 혁혁한 공을 세웠다.

유럽 최고를 위한 기회도 찾아왔다. 챔피언스 리그 AS 모나코(16강)와 올림피크 리옹(8강)을 차례로 꺾은 박지성은 챔피언스 리그 4강에서 가장 극적인 순간을 맞았다. AC 밀란과의 원정 1차전 0 대 2로 패배 이후, 홈에서 열린 2차전에서 박지성은 기적 같은 플레이로 철벽 수비를 자랑했던 밀란을 상대로 전반 9분 만에 전광석화 같은 선제골을 터뜨리면서 밀란을 궁지에 몰아넣었다.

에인트호번은 3 대 1로 승리했으나, 원정 다득점 원칙에 밀려 결승에 오르지 못했다. 그러나 경기가 끝난 뒤 박지성의 가치는 치솟기 시작했다. 주요 외신들의 찬사에 이어 팀 동료들 뿐만 아니라 상대팀 밀란에서도 찬사가 쏟아졌다. 최고의 미드필더로 군림했던 젠나로 카투소는 박지성의 인상적인 플레이에 혀를 내둘렀다. 그의 골은 축구의 종주국 잉글랜드도 뒤흔들었다. 끝내 박지성은 꿈의 무대인 잉글랜드 프리미어 리그로 진출했다.

맨유에서 꿈의 날개 펴다

잉글랜드 프리미어 리그 최고 명문 팀 맨체스터 유나이티드의 퍼거슨 감독은 박지성에게 러브콜을 보냈고, 박지성은 자신의 커리어에서 가장 화려한 업적을 남길 수 있는 기회를 얻었다.

그는 영국으로 날아가 2005년 7월 14일 입단식을 갖고 본격적인 잉글랜드 생활을 시작했다. 2005년 8월 13일 에버턴과의 리그 원정 경기에서 첫 데뷔전을 치른 박지성은 4개월이 지난 12월 21일 버밍엄시티와의 리그컵 경기에서 잉글랜드 무대 첫 골을 선사했다.

박지성은 2006-07 시즌 2년차 징크스를 극복하고, 꾸준히 성장해 아시아 선수 최초로 프리미어 리그 우승 메달을 받은 선수로 우뚝 섰다. 그의 득점 행진은 경기마다 이어지면서 인기는 하늘로 치솟았다.

2010-11 시즌 최다 골을 기록한 박지성의 활약으로 맨유는 19번째 우승을 거머쥐었다. 박지성은 맨유와 2년 재계약을 맺었고, 2012년 2월 6일, 첼시와의 리그 23라운드에서 맨유 소속으로 통산 200경기에 출전했다. 아시아인으로서는 최초다. 그는 7시즌 동안 총 205경기 출전, 통산 27골을 넣었다.

맨체스터 유나이티드는 UEFA 챔피언스 리그 2004-05 16강전에서 AC 밀란에 2연패를 당하며 탈락했다. 두 경기 모두 0 대 1 패배한 것이다. 밀란의 두터운 수비벽을 뚫지 못한 때문이다. 그런데 이 대회에서 기적 같은 이변이 일어났다. PSV 에인트호번 소속이었던 박지성이 돌풍의 주역으로 이변을 일으켰다. AC 밀란과의 4강 2차전 홈경기에서 불과 전반 9분 만에 순간적인 돌파력으로 돌풍을 일으킨 그가 통쾌한 선제골을 뽑아냈다.

박지성은 주로 오른쪽 윙어인 크리스티아누 호날두, 왼쪽 윙어인

라이언 긱스와 번갈아가며 출전하였으며, 2006년 9월 10일 토트넘 전에서 얻은 부상으로 수술을 했는데 회복에 성공해 12월 18일 웨스트 햄 유나이티드 FC와의 원정 경기에서 복귀했다.

그는 우려와 달리 예전보다 더 나은 모습을 보여줬다. 애스턴 빌라와의 경기에서 1골 1어시스트, 찰튼전에서 1골, 볼튼전에서 2골, 2007년 3월 31일 블랙번전에서 1골 1도움을 넣는 활약을 보였다. 이때 무릎 부상을 입고 미국 콜로라도에서 리차드 스테드먼 박사의 지도 아래 수술을 받았고, 재활을 마친 뒤 "복귀전에서 골에 초점을 맞추겠다."라고 말했다.

2006-07 시즌에 팀을 우승으로 이끌고 아시아 선수 최초로 프리미어 리그 우승 메달을 받았다. 다음 시즌에선 풀럼 FC와의 원정 경기에서 폴 스콜스의 크로스를 헤딩으로 연결하며 2007-08 시즌 첫 득점을 기록했다. 하지만 부상 복귀 이후 3월 한 달간 꾸준한 선발 기회를 잡지 못했던 박지성은 2008년 4월 2일 UEFA 챔피언스 리그 8강 1차전 AS 로마와의 원정 경기에 선발 출장하여 후반 웨스 브라운의 크로스를 헤딩으로 연결하며 웨인 루니의 골을 어시스트했다.

4월 6일 미들즈브러 FC와의 원정 경기에서 카를로스 테베스와 교체되어 들어가 웨인 루니에게 결정적인 동점골 어시스트를 함으로써 팀을 패배의 위기에서 건져 냈다.

2008년 4월 9일, 올드 트래퍼드에서 열린 UEFA 챔피언스 리그 8강 2차전에서 다시 선발 출장한 박지성은, 엄청난 활동량을 보이며 공격은 물론 수비에서도 핵심적인 역할을 하였다. 박지성은 아시아 선수로서는 최초로 세 시즌 동안 UEFA 챔피언스 리그 4강에 진출하는 기록을 이루어냈다.

2012년 7월 9일, 박지성은 이적료 500만 영국 파운드(약 88억 원)로 2년 계약을 하며, 퀸즈 파크 레인저스(QPR)로 이적하였다. QPR은 공식 트위터를 통해 박지성의 번호는 아델 타랍이 사용하던 등번호 7번으로 결정됐다고 발표했다.

원래 박지성은 QPR의 비어있는 5, 8, 14번 중 8번을 선택했으나 토니 페르난데스 구단주의 결정으로 7번을 달았다. 7번은 박지성이 선호하는 백넘버이며, 팀 에이스의 상징이기도 하다.

박지성은 2012-13 시즌 팀의 새 주장으로 임명되었다. QPR은 프리미어 리그 시즌 개막전에서 선수들 간 팀워크에 많은 문제점을

드러내며 원정 팀인 스완지 시티에게 0 대 5로 완패를 당하고 말았다. 2R에서는 노리치 시티와의 경기에서 1 대 1 무승부를 거두었다.

2012년 9월 26일 캐피털원컵 3라운드 레딩과 경기에서 첫 어시스트를 기록했으나 팀은 2 대 3으로 패배했다. 박지성은 2012년 10월 22일 리그 8라운드 에버튼 FC 전에서 무릎 부상을 당하여 한동안 경기를 뛰지 못했고, 그 사이에도 소속 팀 QPR은 계속해서 부진한 경기력으로 시즌 개막 3개월이 지나도록 단 1승도 거두지 못하며 리그 최하위를 벗어나지 못하면서 침체에 빠졌다. 이에 따라 구단 측에서는 성적 부진을 이유로 마크 휴즈 감독을 경질하고, 새 사령탑으로 해리 레드냅 감독과 계약을 체결하고 전열을 재정비 가다듬었다.

감독 교체 이후 박지성은 11월 27일 선덜랜드 AFC, 12월 1일 아스톤 빌라 FC와의 경기에서 교체 선수로 잠시 출전하였으나, 부상이 재발하여 2012년의 잔여 경기에는 모두 뛰지 못하고 결장했다. 장기간 경기에 출전하지 못하는 동안 팀의 주장 직은 수비수 라이언 넬슨이 대신 수행하다가, 넬슨이 시즌 중반 미국 MLS 토론토 FC의 감독으로 부임하며 팀을 떠나자, 박지성 대신에 베테랑 수비수인 클린트 힐이 새롭게 주장으로 선임되었다. 이로써 박지성은 공식적으로 주장 완장을 반납했다.

2013년 1월 3일 첼시 FC와의 리그 경기에서 후반 추가 시간에 교체 투입되어 부상 회복을 알렸고, 1월 6일 웨스트 브로미치 앨비언과의 FA컵 경기에서 선발 출전하여 풀타임을 소화하며 복귀했다. 1월 27일 MK 돈스와의 FA컵 32강 경기에서 박지성은 오랜만에 주장 완장을 차고 선발 출전하였으나, QPR은 3부 리그 소속인 MK 돈스에 연달아 4골을 내주며 2 대 4로 참패하고 말았다.

2013년 2월 24일에 QPR의 홈구장 로프터스 로드에서 전 소속팀 맨체스터 유나이티드와의 리그 경기가 있었는데, 경기 시작 전에 알렉스 퍼거슨 감독이 QPR의 벤치로 다가가 박지성에게 먼저 악수를 청하는 모습이 TV 카메라로 보이면서 큰 관심을 불러일으켰다.

이 경기에서 박지성은 교체 명단에 포함되었으나 출전하지 못했고, QPR은 맨유에 0 대 2로 완패했다. 원정 경기에 응원 온 맨유 서포터들은 박지성의 응원가를 부르며 그를 위로하는 진풍경이 벌어졌다.

3월 2일 사우샘프턴 FC와의 원정 경기에서 모처럼 측면 미드필더로 선발 출전한 박지성은, 1 대 1 동점 상황이던 후반 32분 상대 수비수 요시다 마야를 제치고 결정적인 어시스트로 제이 보스로이드의 결승 골을 만들어 내었고, 이어진 선덜랜드 AFC와의 홈경기에서도 중앙 미드필더로 풀타임 출장하여 3 대 1 승리를 거두어냈다.

박지성은 이 경기를 통해 프리미어 리그 통산 150경기 출장이라는 기록을 세웠다. QPR은 시즌 첫 연승 행진을 달렸다. 그러나 QPR은 3월 17일 아스톤 빌라 FC와의 경기에서 2 대 3으로 패배한 뒤에 하위권으로 추락, 중요한 경기에서 2무 3패를 기록하는 등 부진을 면치 못했고, 리그 종료까지 3경기를 앞둔 시점에서 스토크 시티 FC에 2 대 0으로 패해 챔피언십 리그로 강등되는 위기에 빠졌다.

2013년 8월 6일 PSV 에인트호번과의 계약 절차를 마무리하고 8년 만의 네덜란드 복귀를 확정했다. 계약 조건은 1년 임대 이적으로 연봉 및 지급 방법 등의 세부 사항은 양 구단의 합의에 따라 공개하지 않았다.

이로써 2004-05 시즌을 끝으로 PSV 에인트호번을 떠나 맨체스터 유나이티드 FC로 건너간 지 8년 만에 네덜란드 무대로 복귀했다. PSV 에인트호번에서 함께하였고, 신임 감독으로 부임한 필립 코퀴와 다시 만났다. 백넘버는 33번으로 정했다. 박지성은 PSV 에인트호번에서 23경기를 출전하여 2골을 넣었고, 팀이 유로파 리그 출전 티켓을 획득하는 데 일조한 뒤 현역 은퇴를 선언하였다.

국가대표팀 경력

박지성은 2000년 4월 5일, 2000년 AFC 아시안컵 예선에서 라오스와의 경기로 A매치 데뷔전을 치렀다. 2002년 FIFA 월드컵과 2006년 FIFA 월드컵, 2010년 FIFA 월드컵에 국가대표로 출전하였다. 2002년 FIFA 월드컵 때는 주전 미드필더로 맹활약하여 대표팀의 월드컵 4강 진출하는 데 큰 역할을 해냈다.

2002년 FIFA 월드컵 직전 잉글랜드와 프랑스와의 친선 경기, 2002년 FIFA 월드컵 예선 3차전 포르투갈 경기, 2006년 FIFA 월드컵 예선 2차전 프랑스 전에서 골을 넣으며, 강팀에 강한 면모를 보였다.

2002년 6월 14일, 인천에서 열린 포르투갈과의 2002년 FIFA 월드컵 예선 3차전에서 예술적인 골을 성공시켜 팀의 1-0 승리를 이끌었고, 이 경기의 맨 오브 더 매치(Man of the match)에 선정되었다.

그리고 이 골은 한국 축구 팬들이 뽑은 '2002년 최고의 골'로 선정되기도 했다. 스페인과의 8강전 승부차기에서는 2번째 키커로 나와 골을 성공시켰다.

2004년 하계올림픽 당시에 박지성 차출을 놓고 대한축구협회와 PSV 에인트호번 사이에 갈등이 일어났다. 결국 박지성은 올림픽에 참가하지 않는 대신 2004년 AFC 아시안컵에 출전했다.

2008년 10월, 김남일이 경고 누적으로 명단에서 제외되자 대표팀의 주장 자리를 이어받았고, 이후 국가대표 은퇴 직전까지 주장을 계속 맡았다. 2010년 남아공 월드컵 아시아 예선에서 5골로 한국팀의 최다 득점자가 되었으며, 한국이 4승 4무라는 무패의 성적으로 본선 직행하는 데 공을 세웠다. 2010년 5월 24일, 사이타마에서 펼쳐진 일본과의 평가전에서는 전반 6분만에 득점을 뽑아냈다.

2010년 FIFA 월드컵에서 박지성은 1차전 상대인 그리스를 상대로 후반 7분 단독 드리블로 두 번째 골을

2002 한 · 일 월드컵 포르투갈전에서 골을 터트린 뒤 히딩크 감독에게 안기는 박지성 선수

넣었고, 이 경기의 '맨 오브 더 매치(Man of the Match)'에 선정되었다. 이로써 2002년 월드컵, 2006년 월드컵에 이은 월드컵 3개 대회 연속 골로 아시아인 최초 본선 3회 연속 골이라는 기록을 달성했다. 안정환이 갖고 있던 아시아인 본선 최다 골(3골)과도 타이를 이루었다. 나이지리아와의 조별 리그 최종전에서 2 대 2 무승부를 거두고 대표팀의 사상 첫 원정 16강을 이끌었다. 이 첫 활약상으로 박지성은 맨 오브 더 매치에 선정되었다.

2011년 AFC 아시안컵이 시작되기 전에 경기가 끝나면 대표팀에서 은퇴하겠다고 밝혔다. 2011년 AFC 아시안컵 대회 4강 일본전에서 박지성은 자신의 A매치 100번째 출장 기록을 달성, 한국 선수 중 역대 8번째로 센추리 클럽에 가입한 선수가 되었다. 이 경기가 그에게는 마지막 A매치 경기였다. 우즈베키스탄과의 2011년 AFC 아시안 컵 3~4위전에는 뛰지 않았고, 2011년 AFC 아시안컵이 끝난 뒤 그의 말대로 이영표와 함께 대표팀에서 물러나는 은퇴를 선언했다. 2011년 1월 31일 오전 11시 기자회견에서 공식 은퇴 선언을 하며 11년간 뛰었던 국가대표에서 물러났다.

은퇴 이후 행정가로 변신

국가대표 선수에서 은퇴한 지 얼마 지나지 않아 열린 2014년 K리그 올스타전 경기에서 자신의 지인들을 모아 박지성 팀을 꾸리며 팀 K리그와 대결을 펼쳤다. 박지성은 선수 은퇴 이후 "지도자가 되지 않고 행정가의 길을 걷겠다."라고 이야기했다.

그는 2014년에 소속 팀이었던 맨체스터 유나이티드의 앰버서더로 부임했다. 이로써 박지성은 비유럽권 인물로는 처음으로 맨유의 앰버서더가 되었다. 맨유 앰버서더란 맨유의 이벤트에 참여하는 홍보대사와 같은 직책이다. 애초에 홍보대사라는 우리말 자체가 영어의 앰버서더(ambassador, 대사)라는 단어를 번역한 것이다.

박지성의 경우를 보면 아시아 전역에 걸쳐 맨유의 스폰서 기업의 마케팅 이벤트에 참여하는 역할을 주로 담당하고 있다. 박지성의 앰버서더 계약 조건은 1년에 10차례 맨유와 관련된 행사에 참여하는 것이며, 연봉 개념으로 연간 활동비 1억 5,000만 원을 분기별로 나누어 지급받는다. 계약 기간은 1년이라고 국내 언론에 보도되었지만 다년간 계약이라고 한다.

맨유 앰버서더로는 박지성 외에 보비 찰튼, 데니스 로, 브라이언 롭슨, 알렉스 퍼거슨, 데니스 어윈, 피터 슈마이켈, 게리 네빌, 로니 욘센, 앤드루 콜, 드와이트 요크, 미카엘 실베스트르, 네마냐 비디치 등이 활동해 오고 있다. 보비 찰튼, 데니스 로, 브라이언 롭슨 등 발롱도르 위너나 세계적인 선수들은 지도자 커리어에서도 완전히 은퇴한 후 맨유 앰버서더를 맡고 있다.

알렉스 퍼거슨 전 감독 역시 감독에서 은퇴한 이후 앰버서더가 되었다. 마케팅 활동을 목적으로 위촉하는 것이기 때문에 2010년 이후에는 잉글랜드 바깥의 해외파 출신 위주로 선정되는 경향이 있다.

에릭 칸토나를 비롯해서 집에서 쉬고 있는 여러 은퇴 선수들에게 꾸준히 앰버서더를 제의하고 있지만 대부분 사양한다고 한다. 앰버서더를 맡으면 감독, 코치 등 지도자나 축구 행정가의 커리어를 가질 수 없다는 점, 그리고 후원 기업의 마케팅 이벤트에 얼굴 마담으로 나서는 걸 탐탁하게 여기지 않는다는 등의 이유가 작용하는 듯하다.

맨유 앰버서더로 부임한 박지성

물론 퍼거슨, 찰튼, 롭슨 같은 진짜 레전드들은 팀의 상징적인 행사에만 얼굴을 비추고 스폰서 마케팅 이벤트에는 나오지 않는다. 이런 행사에는 대부분 앤디 콜, 드와이트 요크, 박지성 등 신참들이 주로 투입된다.

박지성의 맨유 엠버서더 임명 보도가 나간 직후, 박지성 측은 선정된 이유에 대해 "아시아에서 박지성의 인기가 대단하다는 것을 맨유가 인정하고 앰버서더로 임명해 아시아 시장 개척에 적극적으로 나설 계획"이기 때문이라고 밝혔다.

언론도 "아시아에서 가장 성공한 축구 선수라는 이미지를 가진 박지성은 마케팅 차원에서 아시아 시장을 중요시하는 맨유의 정책에 따라 팀의 앰버서더로 뽑혔다. 박지성의 엠버서더 선정은 맨유의 아시아 시장 공략에 대한 강한 의지가 반영되었다."라고 보도했다.

맨체스터 유나이티드는 한국을 포함하여 아시아에도 많은 스폰서 기업을 가지고 있는데, 이들 아시아 기업의 마케팅 행사에 박지성이 수시로 투입되고 있다. 한국뿐만 아니라 중국과 동남아의 맨유 스폰서 기업의 마케팅 이벤트에 대부분 박지성이 참여하고 있다. 과거 맨유는 앤디 콜을 앰버서더로 동남아에 보낸 적이 있지만 박지성을 앰버서더로 위촉한 후 수시로 그를 아시아에 보내고 있다.

한국에서의 맨체스터 유나이티드 앰버서더로서의 공식적인 첫 활동은 2014년 11월 14일 수원 영통 축구센터에서 '맨체스터 유나이티드와 함께하는 신한카드 축구교실' 행사에 참여했다. 아시아 해외 언론에 따르면 박지성이 맨유 앰버서더로서 갖는 공식 첫 행사였다.

맨체스터 유나이티드의 메인 스폰서인 쉐보레가 한국에서 개최하는 마케팅 이벤트에 참석하기 위해 주기적으로 귀국하고 있다. 한국 GM의 프레스 컨퍼런스에 참여했으며, 서울모터쇼 쉐보레 부스에서 쉐보레 스파크 시연회, 팬 사인회, 유소년 선수들과의 만남도 있었다.

한국GM, 서울모터쇼에서 박지성과 '꿈' 선물했고, 2016년에도 용산 아이파크몰에서도 팬 미팅, 유소년 축구 행사 등을 가졌다. 2017년 11월 대한축구협회의 유스전략본부 본부장으로 취임했으나, 부임 1년 만인 2018년에 사임했다. 2018년 FIFA 월드컵을 앞두고 SBS의 해설진에 합류했다. 2021 시즌을 앞두고 전북 현대 모터스의 클럽 어드바이저로 자리를 옮겼다.

2022 시즌 중 전북과 계약 연장을 통해 어드바이저에서 테크니컬 디렉터로 직책을 변경하였고, 어드바이저 시절과 마찬가지로 비상근직으로 테크니컬 디렉터를 소화했다. 대한민국 축구 선수 출신의 축구 행정가이며, 한국 최초의 프리미어 리거이다.

축구 해설가로 활동

박지성은 2018 러시아 월드컵 때 SBS 해설위원으로 잠시 활동했다. 2015-16 UEFA 챔피언스 리그 결승전 객원 해설위원으로서 잠깐 동안 해설을 맡았다. 다만 처음이다 보니 그다지 좋은 평가를 받지는 못했다.

2018 러시아 월드컵에서 SBS의 정식 해설위원으로 발탁되어 배성재와 함께 본격적인 해설가로 데뷔한 그는 개막전인 러시아와 사우디와의 경기를 해설했다. 처음엔 "목소리가 너무 높다.", "해설에서 기자회견 때에 말하는 것과 똑같이 뭔가 건성건성으로 말하는 것 같아 답답하다.", "생각보다 재미가 없다.", "너무 무난하다." 등등의 의견이 많았다.

실제로 경기장을 누비던 선수와 마이크를 잡고 해설하는 경우에

는 상당한 차이가 있음을 실감했다. 축구 스타로서 정점을 살려 해설의 신선함도 전했다. 결과적으로 첫 해설치고는 잘했다는 평가를 받았다. 2018 FIFA 월드컵 경기 대한민국 대 독일 전에서는 박지성의 통찰력에 시청자들이 감탄했다. 하지만 그는 2018년 8월 자카르타 아시안게임 해설은 안 하겠다고 밝혔다. 그러나 2022 카타르 월드컵 해설진에 합류한 것도 배성재와 호흡을 맞춘 것으로 풀이된다.

우리 선수들이 최선을 다했다는 것에 대해서 의심의 여지가 없다. 단지 우리의 축구 수준, 지금의 축구 현실이 어디까지 왔고 어떤 수준인가를 바로 보고 느끼며 판단하는 안목이 중요하다는 것이다.

우리가 더 잘하기 위해서는 대표팀과 선수들에 대해서, 선수들의 능력을 더 키우라고 말할 것이 아니라, 전반적으로 한국 축구가 어떤 방향성을 갖고 앞으로 나아갈 것인가. 지금 보이는 것만 바꿔서 내보내는 것이 아니라, 지금 보이지 않는 곳에 있는 어두운 것들을 얼마나 털어내고, 그 벽을 깨부수고 우리가 앞으로 어떻게 나아갈 것인가를 생각하고 진단하는 일이 중요하다고 그는 말한다.

"이미 뿌리가 굳게 내려진 제도는 쉽게 바뀌지 않을 것이라고 생각한다. 하지만 우리 축구인들이 서로가 힘을 합쳐서 희생을 감내해서라도 뭔가를 바꾸지 않는다면, 우리는 4년마다 매번 지금과 같은 모습을 보게 될 것으로 보인다."라고 진단한다.

SBS 축구 해설위원이자 대한축구협회 유스 전략본부장 박지성이 평가한 한국 축구의 현실이자 미래 청사진이다. 그는 국제축구평의회(IFAB)의 신임 자문위원 18명 중 한 명으로 위촉되었다. 역시 한국인으로 처음 제1호 자문위원이다. IFAB 자문위원의 역할은 IFAB가 축구 규정을 바꿀 때 전문가적인 시선에서 규정의 장단점을 조언을 해주는 역할이라고 한다. 무보수이며 1년에 한두 번씩 미팅에 참가해 의견을 나눈다고 한다.

박지성은 전북 현대 모터스에서 계속 어드바이저로 재직하다가 2022년 9월 테크니컬 디렉터로 새롭게 임명되었다. 어드바이저 때와 똑같이 비상근 근무이며 좀 더 직접적인 권한과 책임이 부여된 것으로 알려졌다.

2022 시즌 전북 현대의 경기력이 실망스럽고, 김상식 감독 및 허병길 대표와 프런트가 팬들에게 신망을 완전히 잃은 것을 넘어 퇴진을 요구할 정도로 적대적인 분위기까지 형성된 상황이라 팬들은 박지성의 선임을 환영하며 기대를 걸고 있는 분위기다.

그는 "쓰러질지언정 무릎은 꿇지 않는다. 불가능이란 없다. 우리는 우리 자신을 믿어야 한다."라고 강조한다. '축구를 잘했던 사람'으로 유명하지만, "저 선수는 믿음이 가는 선수였어."라는 말을 듣고 싶다고 했다.

그런 말을 한마디라도 던져 주는 사람들과 이야기를 나누고 싶다는 박지성, 테크니컬 디렉터로 새로운 삶을 살고 있다. 자신이 원했던 행복한 축구 선수 생활처럼 모두가 행복한 삶을 이어가기를 바라고 있다.

제5장

'판타지 스타' 안정환 스토리

'판타지 스타' 안정환 스토리

꽃미남 축구 선수로 인기

안정환(安貞桓)은 대한민국의 은퇴한 축구 선수이자 MBC 축구 해설위원 겸 방송인이자 축구 감독이다. 현역 당시 팀에서의 포지션은 세컨드 스트라이커였다. 경기도 파주에서 태어나 서울 대림

초등학교, 남서울중학교, 서울 공업고등학교, 아주대학교를 졸업하였다. 이탈리아 세리에 A에서 활동할 때, 이탈리아 사람들이 안정환의 성을 이탈리아어식으로 읽어 '안느(Ahn)'라는 애칭으로 불렀다. 선수로 활동할 당시 긴 머리와 잘생긴 외모 때문에 '테리우스'라는 별명이 붙기도 하였다.

현역 시절 뛰어난 볼 컨트롤과 드리블, 중앙에서 좌우로 열어 주는 정확한 패스, 반 박자 빠르고 정교한 슈팅으로 데뷔 때부터 뛰어난 활약을 선보여 '판타지 스타'라는 찬사를 받았다. 이러한 활약과 더불어 도저히 운동선수라고 믿기 힘들 정도로 화려하고 완벽한 외모까지 갖춰 수많은 여성 팬을 몰고 다녔다.

1998년 부산 대우 로얄즈에 입단해 프로축구 무대로 들어섰다. 1998년 3월 21일 수원 삼성 블루윙즈와의 경기에서 프로 데뷔전을 치렀는데, 이 경기에서 멋진 데뷔 골을 기록했다. 1998년 7월 22일 천안 일화 천마와의 경기에서 K리그 첫 골을 터뜨린 뒤 2골을 기록하며 팀이 4 대 0 승리를 거두는데 한몫했다.

1999년 시즌에는 5월 30일 포항 스틸러스와의 개막전에서 마수걸이 득점 묘기를 보여 주며 박수갈채를 받았다. 1999년 6월 23일에 열린 대전 시티즌과의 경기에서는 통쾌한 해트트릭을 기록하며 팀을 3 대 2 승리로 이끌었다.

1999시즌 K리그에서는 통산 14골을 넣으며 팀의 K리그 준우승에 기여해 K리그 득점왕 MVP의 영광을 안았다. K리그 준우승 팀에서 MVP가 나온 것은 K리그 사상 처음이었다. 그의 뒤를 이어 2010년 김은중이 두 번째 수상했다.

2000년 7월 AC 페루자로 임대 이적하면서 세리에 A에 진출한 첫 한국인 선수가 되었다. 안정환은 2002년 6월 2002년 FIFA 월드컵 대회 때, 대구에서 열린 미국과의 경기에서는 후반 33분 동점골을 넣었는데, 골을 넣은 뒤에 '반지키스' 세레모니를 펼쳤다. 공교롭게도 TV 카메라에 잡혀 화제가 되었다. 이로써 안정환은 '반지의 제왕'이라는 별명도 얻었다. '반지 키스' 세레모니 동작은 솔트레이크 동계올림픽 쇼트트랙에서 김동성이 보여 주었던 동작이다.

대전에서 열린 2002년 FIFA 월드컵 16강 이탈리아전에서 연장 12분 골든골을 넣은 뒤 AC 페루자의 구단주 루차노 가우치의 미움을 받게 되었다. 이유는 이탈리아가 승리해서 16강에 나가기를 바랐는데 안정환이 그 기대에 찬물을 끼얹듯이 골든골을 넣어 이탈리아를 탈락시켰다는 괘씸죄를 씌우며 지목한 것이다.

구단주는 언론과의 인터뷰를 통해 "안정환을 방출하겠다."라고 흥분했다. 루차노 가우치 구단주는 이탈리아 안에서도 트러블로 유명했다. 안정환이 이탈리아를 탈락시킨 일 때문에 화가 난 루차노는 2002년 FIFA 월드컵이 끝난 뒤에 안정환을 완전 이적시키려는 움직임을 보이면서 원 소속 팀인 부산 아이콘스와 이적 분쟁을 겪었다. 결국 AC 페루자 칼초와의 결별을 결심한 안정환은 2002년 9월 일본 J리그의 시미즈 에스펄스로 이적하였다.

"안정환이 방출된 뒤에 이상한 기분이었다. 그는 영리한 선수였고, 우리는 구단주의 생각에 동의하지 않았다. 당시 그는 상대 팀 선수로서 우리를 상대로 중요한 골을 넣었지만 그는 언제나 우리의 친구였다. 수줍음이 많은 선수였지만, 우리는 안정환을 훌륭한 축구 선수로 생각했다."라고 파비오 그로소가 서운함을 털어놓았다.

"페루자는 정말 이해할 수 없는 광적인 의식이 지배하는 팀이다. 분명히 그런 부분이 안정환을 궁지로 내몰았다. 대부분의 이탈리아 사람들은 한국에서 온 유일한 세리에 A 선수 꼬레아노 안(안정환)을 훌륭한 선수로 기억하고 있다."라며 아쉬움을 보여 주었다.

안정환은 2004년 1월 요코하마 F. 마리노스로 이적하여, 그해 J리그에서 우승을 이끌었다.

2005년 7월 프랑스 르샹피오나의 FC 메스로 이적하여 3년 만에 유럽 무대로 복귀하였지만 팀이 리그 최하위를 면치 못하자 6개월 뒤인 2006년 1월 과거 박상인이 활약했던 독일 분데스리가 MSV 뒤스부르크로 옮겼다. MSV 뒤스부르크 또한 리그 최하위로 강등되자 계약을 해지하였고, 반년 동안 무적 상태로 지내다가 2007년 수원 삼성 블루윙즈에 입단함으로써 K리그로 7년 만에 복귀하였다.

FIFA 월드컵에서 3골을 넣어 한때 아시아 최다 득점 기록을 보유하고 있었다. 2010 FIFA 월드컵 남아프리카 공화국 본선 1차전에서 박지성이 1골을 추가하면서 이 기록을 공동 보유하고 있었고, 2018 FIFA 월드컵 러시아 본선 2차전과 3차전에서 손흥민이 2골을 추가하면서 이 기록도 공동 보유했다.

불우한 환경, 가난 극복한 청소년

안정환의 어린 시절은 불우한 환경, 가난과 시련이 연속된 고난의 세월이었다. 예쁘장한 얼굴, 수려한 귀공자처럼 생긴 외모와는 다르게, 청소년 대표팀에 뽑혔을 때 오렌지를 처음 먹어 봤을 정도로 불우한 어린 시절을 보냈다. 어려서 아버지를 여의고, 어머니가 어린 아들을 외할머니에게 맡겨 외할머니 손에서 외롭게 성장했다.

그가 직접 '김승우의 승승장구'에 나와서 이야기한 유년 시절은 그야말로 눈물겨웠다. 사실 처음부터 가난했던 건 아니라고 한다. 외갓집이 원래는 잘살았던 편이었는데, 안정환이 6세 때 외갓집이 사업 실패로 어려워진 데다가 외할아버지가 그 충격으로 돌아가셨고, 어머니가 외할아버지의 유산으로 커피숍을 하다가 망한 뒤 다른 곳을 떠돌아다녔기 때문에 외할머니와 단 둘이 판자촌에서 빈곤하게 살아야 했다.

흑석동 판자촌에서 초등학교 시절을 보낸 안정환은 배가 고파서 무랑 배추 서리를 하거나, 굿판을 돌아다니면서 음식을 얻어먹고, 중학교 때는 산에 흩뿌려진 삐라를 주워서 미군부대에 신고하여 학용품을 마련하고, 방생 기간에 방생되는 물고기를 잡아서 다시 되팔아 돈을 마련하고, 차비가 부족해 버스를 타고 가야 될 학교를 걸어서 다녔고, 학교 체육창고에서 잠을 자기도 했다. 어릴 때 어느 날 안정환이 외할머니에게 말했다.

"할머니 1,000원만 주세요."

"뭐 하려고 그러냐?"

"밖에 나가서 아버지를 사오겠어요."

참으로 어이없는 얘기였다. 안정환의 외할머니는 축구하는 것을 처음에는 반대했는데, 가뜩이나 잘 못 먹고 자란 아이라서 운동까지 하면 배가 더 빨리 꺼질까 봐 걱정해서 그랬다고 한다. 그래도 축구부가 되면 간식으로 지급하는 빵과 우유를 먹을 수 있다는 생각에서 축구부에 들어갔다. 단순히 또래 애들보다 달리기가 조금 빨랐을 뿐인데 어린 안정환의 축구 꿈이 무럭무럭 자랐다.

어렵게 시작한 초등학교 축구부는 선배 선수가 졸업하자 선배 아버지의 후원이 끊기면서 축구부도 없어질 처지였다. 다행히 그해 마지막 경기에서 안정환은 훌륭한 활약을 보여 다른 학교에서 스카우트하는 행운을 안았다. 중학교, 고등학교를 거치면서 축구를 했지만 매일같이 피곤한 몸에 여전히 배곯는 고달픈 생활이 이어졌다.

한 번은 축구부원 숫자대로 지급받은 빵과 우유가 하나 없어졌는데, 선배 한 명이 안정환의 짓이라며 무려 3시간 동안이나 괴롭혔다. 그러나 늦게 들어온 다른 선배가 "그거 내가 먹고 나갔는데"라고 해서 풀려난 안정환은 화가 나서 그 길로 합숙소를 도망쳤다.

그렇게 안정환은 축구부에서도 구박과 고통을 겪으면서도 열심히 훈련을 받았다. 그 스스로 말하기를 "그 시기에 축구가 즐거워서 한 적은 한 번도 없었다."라고 고백했다. 그 시절 싸움도 많이 했는데, 쉬는 날엔 제대로 쉬지도 못하고 생활비를 벌기 위해 일용직 아르바이트, 공사판을 전전했다. 목동역 건설이 이뤄질 때 안정환이 인부로 들어가 벽돌을 쌓은 일도 있었다.

국가대표가 된 뒤에 외할머니에게 작은 아파트를 장만해 주고 어머니의 빚도 갚아 준 효자였다. 그 때문에 돈을 모으지 못했고 계속 어려운 생활을 이어갔다.

아주대학교에 진학한 안정환은 대학 선배들이 거액을 받고 프로 축구단에 입단하는 것을 보면서, "나도 축구로 성공하겠다."라고 다짐했다. 1997년 이탈리아 유니버시아드 직후 돌아오자마자 후반에 투입되어 혼자 2골 1어시스트하면서 1 대 2로 지던 팀을 5 대 2로 역전승한 일화는 유명하다. 그렇게 활약한 그는 아주대학교의 재단이었던 대우그룹이 운영하는 부산 대우 로얄즈팀으로 자연스럽게 입단했다.

해트트릭 스타의 빛과 그림자

안정환은 한때 해트트릭 스타로 인기를 끌었다. 그러나 그런 존재 명성에도 불구하고 그라운드에서는 빛과 그림자가 엇갈렸다. 좀처럼 기회를 부여받지 못하며 팀 안에서 벤치로 몰리는 신세가 되어 와신상담 기회를 엿보던 그에게 찬스가 왔다. 2007년 3월 14일 삼성 하우젠컵 대전 시티즌과의 홈경기에서도 해트트릭을 터뜨리며 화려한 부활의 날개를 펄떡거렸다.

그러나 그라운드에서의 행운은 멀어지는 조짐이 서서히 드리웠다. 2007년 겨울 안정환은 이적 시장에 나왔다. 수원 삼성 블루윙즈의 차범근 감독은 잔류 요청을 하였으나 "많은 기회가 주어지는 팀으로 가고 싶다."라는 의사를 밝혔다.

그 시절 황선홍이 부산 아이파크 감독으로 임명되었는데, 황 감독은 "안정환과 함께하고 싶다"는 의사를 여러 번 밝혔다. 부산 아이파크의 안영학과 맞트레이드 하는 계약이 2008년 1월 20일 체결되어 황선홍 감독이 지휘하는 K-리그에서 뛸 수 있게 되었다.

안정환의 부산 아이파크 입단에는 황선홍 감독의 발언이 크게 작용했다. 안정환은 부산 입단식에서, "존경하는 선배 스트라이커 황선홍 감독의 밑에서 뛰게 된 것을 매우 큰 행운이라고 생각한다."라며 자신의 포부를 밝혔다. 황선홍 감독도 "안정환을 아낌없이 지원하겠다."라고 약속했다.

시즌 초반에는 인상적인 모습을 보여 주며 21개월 만에 국가대표팀에도 다시 이름을 올렸다. 시즌 후반기로 접어들어 성적 부진에다가 부상까지 겹쳐 쓸쓸하게 시즌을 마감했다.

2009년 안정환은 부산 아이파크와의 재계약을 하지 않고 미국 메이저 리그 사커 진출을 시도하였으나 실패하고, 중국 슈퍼 리그의 다롄 스더와 3개월의 단기 계약을 맺었다. 그 뒤로 그의 활약에 희망을 건 구단이 그와 계약을 갱신하여 뛰게 되었다.

1997년 4월 23일 한중 정기전에서 중국과의 경기로 A매치 데뷔전을 치렀다. 1998년 11월 13일 사실상 대표팀 간의 경기였던 베이징에서 있었던 중국 프로 선발팀과의 친선 경기에 출전하여 득점했지만, 프로 선발팀 명목으로 출전하였기 때문에 공식 A매치로 인정받지 못하였다.

그러다가 2002년 FIFA 월드컵에서 미국과 이탈리아를 상대로 각각 한 골씩 성공하여 세계적인 스타로 발돋움했다. 특히 16강전 이탈리아와의 경기에서는 연장 후반에 넣은 결승 골이자 골든 골은 터뜨려 이목을 끌면서 강렬한 인상을 남겼다.

　2006년 FIFA 월드컵 8강 토고전에서도 역전 결승 골을 넣어 통산 3골로 아시아 선수 중 월드컵에서 가장 많은 골을 넣은 선수가 되었고, 그 경기의 공식 맨 오브 더 매치에 선정되었다. 2010년 FIFA 월드컵 명단에 포함되어 팀의 사상 첫 원정 16강에 기여하였으나 한 경기도 출전하지 못해 아쉬움을 남겼다.

　안정환의 포지션은 세컨드 스트라이커, 공격형 미드필더였다. 등번호는 여러 개로 다양했는데 8, 9, 10, 19, 26, 30, 36 등이다. 국가대표 선수로 뛴 1997년부터 2010년까지 14년 동안 71경기에서 17골을 기록했다.

　안정환은 마치 5단 기어와 같은 선수이다. 여러모로 브라질 축구 영웅 호마리우를 닮았다는 얘기를 듣는다. 건드리면 반응한다. 안정환 스스로도 "나는 호마리우를 좋아한다. 경기에서 승부를 결정 짓는 결정적인 역할을 하기 때문이다."라고 털어놓은 일이 있다.

안정환과 거스 히딩크 감독 사이는 마치 친형제 같다. 뒷마당에서 어린 동생 데리고 노는 것처럼 보인다는 이야기가 그라운드 주변에선 종종 들려온다.

안정환의 모교인 아주대학교에서는 2002년 FIFA 월드컵 당시 업적을 기리기 위해 대학 구내 다산관 지하 B06실을 '안정환 룸'으로 만들었다. 잘생긴 외모와 뛰어난 축구 기술 등으로 인기가 많아, 축구 팬들이 뽑은 2003년 최고의 선수로 선정되는 영광도 안았다.

수원 삼성 블루윙즈에 입단했을 때에는 구단 마케팅에 크게 기여하는 열성을 보였다. 2007년 2월 1일, 안정환은 스포츠 전문 의류 및 용품 제조판매 회사인 훼르자와 2009년까지 3년간 20억 원 후원 계약을 맺었다.

수원 삼성 블루윙즈 소속으로 활동할 때인 2007년 9월 10일에 벌어진 FC 서울 2군과의 R리그 경기에서 FC 서울의 서포터즈 중 한 여성이 안정환과 아내인 이혜원에게 모욕적인 말과 음담패설, 욕설을 쏟아내며 경기 도중에 관중석으로 난입해 난동을 부렸다.

부산 아이파크 소속 당시인 2008년 5월 18일에 펼쳐진 성남 FC와의 K리그 경기에서 다소 예민한 순간에 성남 FC 쪽에 골이 터져 안정환에게 일부러 골을 내주는 해프닝이 벌어지기도 했다.

'판타지 스타'가 된 안정환

이탈리아 스포츠 전문지 기자들은 안정환의 플레이를 여러 측면에서 분석하며 크게 칭찬했다. 그 대표적인 사례 하나를 본다.

"가장 놀라운 사실은 코리아인들이 자신의 판타지 스타인 안느(안정환)가 얼마나 대단한 위치인지 잘 모르고 있다는 사실이다. 안느는 포르투갈 국가대표 주전 선수인 파울레타보다 높게 평가받고 있다. 안느의 화려한 커리어가 보이지 않는가? 아무나 이탈리아를 상대로 골든 골을 넣을 수는 없다."

파울레타는 유로컵에 세 차례나 출전한 것을 포함해 2002년과 2006년 FIFA 월드컵 등 큰 경기에 출전하였다. 판타지 스타는 축구에서 위대한 선수를 가리키는 이탈리아 말이다. 흔히 재주꾼, 다재다능한 사람을 일컫는데, 특히 축구에서는 득점력, 드리블, 패스는 기본이고 감탄이 나오게 하는 센스까지 그야말로 예술의 경지에 이르러 관객을 홀리는 선수를 가리킨다.

판타지 스타가 특정 포지션이나 롤을 뜻하는 용어로 착각하는 사람도 있는데, 그런 것이 아니라 최고의 찬사이다.

다만 판타지 스타라는 용어가 로베르토 바조에게서 비롯되었기 때문에 그와 유사한 롤이나 플레이를 하는 사람들을 판타지 스타라고 불렀고, 이게 확장되어 환상적인 플레이어를 펼치는 선수를 판타지 스타라고 부르게 된 것이다.

판타지 스타라는 용어가 이탈리아에서 나온 만큼 정통 판타지 스

타는 보통 로베르토 바조, 알레산드로 델피에로를 말하고, 간혹 프
란체스코 토티나, 안토니오 카사노, 안드레아 피를로, 파울로 디발
라 등도 판타지 스타로 여기기도 한다.

이탈리아 이외의 여러 지역에서도 환상적인 플레이를 하는 사람
을 판타지 스타 또는 그에 비견되는 다른 표현을 써서 칭찬하는 경
우가 있다. 한국 선수에게 판타지 스타라는 칭호가 붙은 것은 안정
환이 처음이다. 그는 실제로 이탈리안 판타지 스타에 가까운 플레
이를 구사한다고 이탈리아 언론들은 칭찬한다.

"안정환의 플레이를 보면 그의 출신 지역이 아시아인가? 하는 의
구심이 든다. 아마 아시아에서 그런 유연한 몸놀림과 슈팅력을 보
일 수 있는 스트라이커는 없을 것이다. 유럽이나 남미에서도 수준
급에 속하는 유연함과 슈팅력이 넘친다. 볼을 조금 끄는 경향이 있
기는 하지만 다른 장점들이 충분히 커버해 주고 노력한다면 고쳐
질 것이다. 그가 월드컵에서 보여 준 골들은 그가 한국 축구에 있
어서 얼마나 소중한 존재임을 일깨워준다. 그는 아마 다음 월드컵
에서도 한국 대표 스트라이커로 뛰게 될 것이다. 그때는 과연 안정
환이 얼마나 성장해 있을지 기대가 된다. 만약 2006년 독일 월드컵
후에도 이러한 글을 부탁받는다면 그를 순위에 올리는 일이 일어
날지도 모르겠다."

이탈리아 RAI 스포츠 TV 해설자는 "안정환의 슈팅은 정상적인 궤
도보다 15도 정도 오른쪽을 향해 총알처럼 날아들기 때문에 골키퍼
가 번번이 당할 수밖에 없다. 한국과 경기를 했을 때 AC 페루자에서

뛰고 있다는 안느를 봤다. 그의 경기를 보노라면, 판타지 스타 성향을 가진 선수라는 걸 느낀다. 분명히 뛰어난 능력을 가진 선수가 바로 안정환이다. 우리 팀의 델피에로와 무척 닮았더라. 그러나 저 선수를 다룰 만한 감독이 있는지 모르겠다. 안정환은 유럽 수준에 근접한 선수로, 앞으로 무한한 잠재력을 보일 것"이라고 칭찬했다.

잉글랜드 축구 국가대표팀 감독으로 2002년 한국에 왔던 스벤예란 에릭손은 "스코틀랜드전에서 두 골을 넣었던 긴 머리 선수가 인상 깊었다. 그의 두 번째 슛인 로빙슛은 정말 일품이었다. 그가 바로 안정환이라는 걸 알고 무척 감동했다."라고 밝혔다.

안정환을 위해 350만 달러의 이적료를 준비했고, 마지막까지 워크퍼밋을 위해 최선을 다했다. 하지만 이제는 더 이상 방법이 없다. 안정환이 드와이트 요크와 함께 멋진 플레이를 보여 주길 원했는데 무척이나 아쉽게 됐다.

안정환이 이적 선수로 팀을 떠날 때 블랙번 로버스 FC 관계자는 "안느! 우리에게 와라! 우리에겐 판타지 스타를 활용할 수 있는 시스템이 있다! 당신을 열광적으로 맞아줄 서포터가 있다! 라치오로 간다면 너는 인종 차별에 울어 버릴 거다!'라며 아쉬움을 털어놓았다.

안정환은 "FC팀에서는 정말 헌신적인 선수"라는 평가를 받았다. 팀의 공수 밸런스와 볼 흐름을 위해 경기 내내 정말 헌신적인 플레이를 했기 때문이다.

브라질의 펠레도 "안정환의 기술을 흉내 내고 따라하고 싶어도 따라할 수가 없었다. 그 정도로 테크닉 면에서는 완벽한 선수였다."라고 고백했다. 그는 브라질의 전설적인 축구 선수로, 축구 역사상 가장 위대한 선수로 평가받는다. IOC가 선정한 세기의 운동선수이자, 20세기 세계 스포츠의 상징적인 인물로 여겨진다. 그 엄청난 실력으로 완벽한 커리어를 쌓으며 세계 축구계에 이바지한 공을 대중에게 인정받아 통칭 '축구 황제'로 불린다. 그의 300번째 골은 브라질의 빈곤층 어린이들을 위해 헌정되었다. 그는 공식적으로 브라질 정부에 의해 '국보(國寶)'로 지정되어 있다.

박지성과 함께 대한민국 축구 국가대표팀의 한 시대를 주름잡았던 선수 이영표는 후배 선수 안정환을 이렇게 평가했다.

"안정환은 전형적인 판타지 스타 성향의 선수이다. 내게 기회가 있었다면 난 그를 최대한 활용할 수 있었을 것이다. 다음이 누가 될지 모르겠지만 안정환을 어떻게 활용하느냐에 따라 한국의 월드컵 운명이 달라질 것이다. 그는 마치 후이 코스타와 같은 플레이를 할 줄 안다. 나에게 가장 욕심나는 한국 선수를 뽑으라면 그건 단연 안정환과 이관우다. 그 둘이 포르투갈 출신이라면 이미 그들은 세계적인 선수가 되어 있었을 것이다."

대한민국 축구 국가대표팀 감독을 지낸 움베르토 코엘류는 "안정환은 스트라이커가 아니다. 심지어 같은 위치에서 뛰는 델피에로도 원톱으로는 경기에 나서지 않는다. 스리톱을 사용한다면 조재진과 이동국을 최전방에 포진하고 차라리 중앙의 안정환을 처진 스트라이커로 놓겠다. 박지성과 안정환 중 프리 롤을 선택하라면 나는 단연코 안정환을 선택하겠다. 박지성은 세계적인 선수지만 안정환만큼 아름다운 플레이를 할 수는 없다."라고 털어놓았다.

코엘류 전 감독은 "동아시아컵 한·일전에서 보여 준 안정환의 플레이가 아직도 머리에 많이 남아 있다. 안정환은 후반 교체 선수로 투입된 뒤 짧은 시간을 뛰면서도 찬스가 올 때마다 과감하게 슛을 날리며 분위기를 휘어잡았다. 안정환 같은 적극적인 마인드가 없이는 패배가 되풀이될 것이다. 일본 선수들은 그를 본받을 필요가 있다."라고 분석했다.

그때 일본 축구 국가대표팀을 맡았던 지쿠 감독도 코엘류 전 감독의 평가를 인정하면서 "정환이는 팀 기여도가 높은 선수이다. 우리가 월드컵에서 이기려면 안정환 같은 선수가 필요하다."라고 말했다.

그라운드를 일찍 떠난 비운의 선수

안정환은 보기 드물게 곱상하고 조각 같은 꽃미남 비주얼 덕분에 여성 팬들에게 인기가 매우 높았다. 주변 사람들 역시 그의 아름다운 외모에 굉장히 놀랐다고 말할 때가 많았다. 그 가운데 하나, 이천수는 안정환을 처음 보는 순간 "너는 축구 선수를 할 인상이 아니라는 생각이 스미면서 충격을 받았다."라고 털어놓았다.

이영표 역시 안정환의 외모를 처음 봤을 때 그 잘생긴 외모에 충격을 받았다고 밝혔다. 히딩크 감독도 "안정환은 외모가 너무 아름다웠다."라고 증언했다. 이렇듯 한국 축구 역사상 최고의 미남임을 부정하는 사람이 아무도 없을 정도로 그의 외모는 독보적이다.

한국에도 뛰어난 실력과 출중한 외모까지 겸비한 미남 운동선수가 없었던 것은 아니지만 안정환을 능가하는 미남은 아직도 나오지 않았다는 평가가 지배적이다.

리즈 시절에는 대한민국을 대표하는 미남 미녀 배우들인 현빈, 김재원, 한고은 등 수많은 인기 스타들과 CF를 연달아 찍었다. 그런 인기 연예인들과 비교하여도 밀리기는커녕, 오히려 더 잘생긴 외모를 보여 주었다. 그냥 하는 말이 아니라 전성기 시절인 2000년대 초반에 한국 최고 미남으로 손꼽히는 장동건, 원빈과 함께 일본의 예능 프로그램에 출연한 적이 있는데, 적어도 그 방송에서만큼은 안정환이 둘을 압도하는 외모로 시청자들의 시선을 사로잡았다.

그는 4분 안팎의 짧은 영상이지만 의류, 화장품, 향수, 스포츠 용품 등 안 찍어 본 CF가 없을 정도다. 젊은 시절 김재원과 함께 찍은 남성용 화장품 광고는 이미 전설이 되었다

축구 실력이 워낙 뛰어나서 더 높고 화려한 무대에서 뛸 수도 있었을 텐데 그의 의지와 상관없이 주변의 이해관계와 상황이 겹치며 발목을 잡혀 그라운드를 일찍 떠난 비운의 선수가 되고 말았다.

유럽 진출이 성공적이지 못했던 이유가 선수 본인의 플레이 스타일 때문이라고도 하고, 그의 성격이 내성적이라서 적응력이 좋지 못했던 것이었다는 말도 있다. 그러나 가장 큰 이유는 블랙번 로버스에 이적하려고 무리수를 두다가 계약 문제로 법정에 서고 패소하여 빚더미에 올라앉았기 때문에 심리적인 부담감을 받았던 것으로 알려졌다.

일본 생활이 끝난 뒤에 바로 말도 안 되는 유럽 리그 하위권 팀에라도 문을 두드리고, 그것마저도 실패하여 무적으로 남았을 정도로 유럽에 미련이 많았던 선수다. 그가 일본에 오래 머물렀던 이유는 빚 갚을 돈을 벌려고 일본 소속사에 묶여 있었기 때문이다.

안정환은 유독 큰 경기에 강한 선수였다. 결정적인 순간에서 골을 넣어 주는 영웅 본능이 있다는 말이다. 보통 팬들이 기억하는 국가대표 안정환은 2002년 월드컵에서 미국 경기 때 동점골, 이탈리아 경기의 결승골, 2006년 토고 전의 골 장면 등이다.

멘탈 왕과 스포츠 정신

안정환을 한마디로 표현할 때 흔히 '멘탈 왕(王)'이라고 한다. 《안정환의 고생 일대기》를 보면, 억울함 또는 부당한 대우와 처사에 대한 분노가 담겨 있다. 이런 사연으로 안정환이 멘탈을 보여 주었다 하여 '멘탈 왕'이라는 이름을 붙여 놓았다.

'꽃미남 축구 스타' 안정환의 슬픈 선수 생활은 운명이라는 말밖에 설명이 안 될 정도다. 그릇된 멘탈로 인해 언론의 집중포화를 받는 후배 축구 선수들에게 두고두고 귀감이 될 선수라 할 수 있다는 말이 회자된다. 그는 한마디로 의리의 상남자다. 다만 이런 성격의 사람들이 가지는 단점, 불같이 욱하는 성미까지도 겸비하고 있다.

도대체 멘탈은 무엇일까? 마음, 정신을 가리키는 말로, 지능이나 감정 등 다양한 의미를 가지기도 한다. 라틴어 멘탈리스(Mentalis)

에서 나온 말인데, 영어, 프랑스어, 스페인어, 독일어, 이탈리아어, 포르투갈어 등을 가릴 것 없이 같은 단어로 두루 쓰인다.

영어를 기준으로 할 때 한글 표기는 '멘틀(Mentl)'이지만 이 표기는 잘 쓰지 않는다. 독일어와 스페인어로는 '멘탈'로 써도 올바른 표기로 여긴다. 프랑스어로는 '망탈', 이탈리아어로는 '멘탈레'라고 표기한다.

우리나라에서는 멘탈을 정신력을 지칭하는 말로 사용한다. 방탕한 쾌락에 빠지거나 나태해지지 않고, 괴로운 일에 마음이 흔들리지 않으며, 평정심을 유지하는 것을 의미한다. 재능은 매우 훌륭하고 뛰어나는데 멘탈이 약해서 좋은 결과는 물론 평균에 미치지 못하는 경우를 가리킬 때 쓴다.

빠르게 전파되는 유행어처럼 청소년을 포함한 젊은이들을 상대로 급속히 용도가 확산되고 있다. '멘탈 붕괴', '멘탈 갑' 등의 표현이 신문방송을 가릴 것 없이 언론에 등장하기도 한다. 정신력의 강도에 따라 심지가 약한 것을 의미하는 유리 멘탈, 심지가 굳은 것을 의미하는 강철 멘탈, 강도가 가장 높은 최강 멘탈이라는 말도 있다.

강한 쪽으로는 멘탈 갑이 자주 사용되고, 약한 쪽으로는 두부 멘탈을 쓴다. 빗대어 표기하거나 반물질 멘탈로 매도한다. 자기만 멘탈 붕괴하는 것이 아니라 주변 사람들에까지 피해를 준다.

'멘탈이 깨지다', '멘탈이 부서지다', '멘탈이 가루가 되다'라는 말도 있다. 지갑이 비었다는 의미로 "멘탈이 탈탈 털렸다."라는 표현도 나돈다. 대체로 별 문제가 없을 때보다는 안 좋은 상황에 주로 등장하는 특징이 있다.

특히 스포츠에서는 정신력의 대체 언어로 많이 쓴다. 정신력뿐만 아니라 선수의 판단력, 평정심 등 종합적인 요소를 한 단어로 요약할 때 멘탈이라는 말을 사용한다. 이 단어는 해외 축구 갤러리에서 자주 쓴다. 가장 공신력 있다고 여겨지는 축구 게임에서 선수의 능력 차이를 말할 때 멘탈이 등장하는 것이다.

일반적으로 정신력이라는 용어를 끌어다 쓰는 경우이다. 게임에 영향을 받은 유저들이 운동선수의 정신적인 부분을 뭉뚱그려 멘탈이라고 표현하기 시작했는데, 널리 퍼져 멘탈이라는 용어가 대중화되었다.

좌절하지 말고 희망을 잡아라

안정환은 좌절할 법한 위기의 순간에서도 희망과 꿈을 잃지 않고 오뚝이처럼 일어섰다. 그의 삶은 바로 불우한 청소년들에게 희망의 교과서 바로 '인생학교'인 셈이다. 안정환의 감동적인 이야기를 소재로 한 tvN 예능 프로그램 '우리들의 인생학교'에서 '가슴 뛰게 하는 일을 찾는 법'을 주제로 강의를 듣고 토크 콘서트를 펼치는 멤버들의 모습이 그려졌다.

멤버들에게 '가슴 뛰는 일을 찾는 법'을 수업한 선생님은 경찰관 출신으로 국회의원을 지낸 표창원 의원이었다. 경찰을 거쳐 프로파일러, 경찰대 교수, 국회의원 등 끊임없이 가슴 뛰는 일을 하고 있다는 표창원 전 의원은 자신을 '행복한 사람'이라고 규정했다. 그는 새로운 도전을 하게 된 계기와 당시 상황을 멤버들에게 생생하게 전달하며 수업 몰입도를 높였다.

"준비가 되어 있어야 도전을 할 수 있다."라면서 열정은 도전, 광기, 만용으로 나눠질 수 있다고 설명했다. 그는 미국 수영선수 미시 프랭클린이 말한 "삶에 있어서 아주 중요한 고비마다 그 문제를 해결할 수 있는 답은 스포츠에 있다."를 인용해 자신의 능력이 되지 않을 때는 타인에게 도움을 구해 목표에 도달할 수 있다고 말했다.

이에 대해 "도전과 똑같은 실패를 두려워하지 말라."라며 '팩스'라는 해시태그를 붙인 안정환은 "방송이 아니라고 생각하고 말하고 싶다."라고 말해 궁금증을 자아냈다. 그는 "2002년 월드컵 이후 더 넓은 세계를 경험하고 싶어 프리미어 리그 진출을 꿈꾸며 유럽 무대를 노크했다. 협상이 시작됐고, 많은 과정을 거친 결과 나와 구단이 모두 만족할 계약이 성사됐다."라고 밝혔다.

큰 꿈을 안고 출국 준비에 들어갔다. 영국으로 날아가기 1주일 전에 끔찍한 소리를 들었다. "협상이 결렬되었으니 오지 말라."

청전병력, 맑은 하늘에 날벼락이 바로 이런 것인가? 그 뒤 6개월 동안 할 일 없는 무적자 신분으로 개인 훈련에 전념했다. "내 자리를 지켜내는 것이 무엇보다 중요하다."라고 생각하며 스스로 다짐했지만 참을 수가 없었다. 그렇게 어려운 나날을 극복한 그는 일본 리그에 진출했고, 마침내 프랑스까지 진출하며 가슴 뛰는 일을 이어 나갔다.

축구 인생의 마지막 느낌

2022년 4월 24일 자신의 유튜브 채널 '안정환 19'에 출연해 2022 카타르 월드컵 조별 리그에서 만난 우루과이 경기를 분석하고, 2010 남아공 월드컵 우루과이 경기를 회고하면서 자신의 축구 인생 마침표를 찍으며 지난날을 되돌아보았다.

한국과 우루과이는 2010 남아공 월드컵 16강전에서 만났다. 그때 대표 선수로 출국했으나 경기에는 출전하지 못했다. 그는 그때를 되돌아보면서 무척 아쉬웠다고 고백했다.

안정환은 "축구를 하면서 뭔가 할 수 있다는 느낌은 정말 몇 번 안 온다. 2002년과 2006년에도 그랬다. 팀이 이기겠다는 느낌이 아니라 내가 뭔가 할 수 있겠구나 하는 기대, 그런 느낌은 나만이 알 수 있을 뿐 아무도 모른다."라고 털어놓았다.

"그때 비가 내렸다. 후반전이 시작했을 때 옛날에 느꼈던 그 느낌이 그대로 다가왔다. 하지만 몸 풀라는 지시가 없었다. 축구 인생 마지막으로 여기며 왔는데 출전을 못하겠구나 하는 생각이 들어 몹시 서운했다. 나 대신에 이동국 선수가 그라운드에 들어갔다. 월드컵에 대한 동국이의 간절함을 잘 알았기에 정말 잘 됐다고 생각했다. 그래도 축구 인생 마지막이었을 그 느낌이 경기장 안으로 이어지지 못해 너무 아쉬웠다."

그렇다고 감독에게 좋은 느낌이 왔으니 뛰게 해달라고 말할 수가 없었다. 그랬다가는 미친 녀석이라는 말을 들을 것이 분명했다. 안정환은 비록 경기장으로 들어가지 못했지만 2002 월드컵에서 골을 넣었을 때보다도 컨디션 느낌이 좋았다. 그러나 감독은 그런 마음과 느낌을 이해하기는커녕 찬스마저 아예 뭉개 버렸다.

"그때 정말 아무 말도 들리지 않고 어떤 것도 보이지 않고 뿌옇게 라이트만 보였다. 운동장 라이트와 떨어지는 빗방울 소리, 그 안에 내가 홀로 있었다. 생각을 가다듬고 다시 현실로 돌아왔건만 여전히 몸 풀라는 얘기가 없었다. 정말 어디론가 도망치고 싶었다."

안정환은 그때의 상황과 느낌을 잔잔하게 밝혔다.

"내가 출전했더라면 100% 마지막 월드컵 골이 터졌을 것이다. 황선홍 감독도 2002 폴란드전 때 그 느낌을 받았다고 했다. 그 느낌은 정말 딱 한 번이다. 나는 그때 한 번 더 간절하고도 분명하게 느꼈는데…"

그는 여전히 미련이 남아 있는지 말을 끝맺지 못했다. 안정환이 출전하지 못했던 2010 우루과이전에서 한국은 루이스 수아레스에게 멀티 골을 허용해 연장전에 들어갔으나 끝내 패하고 말았다.

은퇴한 뒤 홍보대사로 활동

안정환은 2012년 은퇴한 뒤 K리그 홍보대사로 위촉되었다. 기존 홍보대사와는 다르게 '명예 홍보팀장'이라고 말하면서 K리그 홍보를 위하여 직접 뛰어다녀 많은 팬의 사랑과 지지를 얻었다.

SNS 활동은 물론 K리그 각종 행사에 빠짐없이 참석하고 경기장을 직접 찾아 팬들과 만나면서 K리그를 홍보하는 데 주력하였다. 2002 월드컵 대표팀 초청 2012 K리그 올스타전에선 홍보팀장으로서 직접 올스타전 프로모션을 발표한 안정환은 이후 홍보 영상 촬영은 물론 거스 히딩크 감독을 비롯하여 홍명보, 박지성 등 2002년 FIFA 월드컵 대표들에게 직접 연락해서 참가를 요청하고 2002 멤버들을 경기장으로 불러내어 역대 최고의 올스타전이 될 수 있도록 이끄는 데 큰 기여를 했다.

FIFA U-20 월드컵 홍보대사로 위촉된 안정환과 박지성

올스타전을 성공적으로 이끈 뒤에도 각 경기장을 돌면서 K리그 홍보에 주력하는 열성을 보였다. 프로축구연맹은 그의 이 같은 공로를 인정해 2012년 K리그 시상식에서 공로상을 수여하며 감사를 전했다.

MBC 해설위원 안정환

은퇴 이후 SBS 정글의 법칙 히말라야-네팔 편부터 방송에 출연하였고, 2014년 예능 프로그램 '일밤-아빠! 어디가?'에 출연하였으며, 2014년 FIFA 월드컵 때에는 MBC에서 해설위원을 맡았다. 그 뒤로도 MBC 출신 방송인 김성주와 함께 예능 '뭉쳐야 뜬다'와 '뭉쳐야 찬다'에 출연하여 방송인으로서의 새로운 모습도 보여 주었다.

2014년도엔 파주 NFC에서 이운재와 함께 A급 지도자 과정을 밟았다. A급 지도자 과정을 거치면 성인 팀을 지도할 수 있는 자격을 얻는다. 사실 그는 한 텔레비전 생방송 중에 "5년 만에 A급 지도자 자격증을 취득했다."라고 털어놓았다.

제6장

'라이언 킹' 이동국 스토리

'라이언 킹' 이동국 스토리

장발 머리로 그라운드 누벼

이동국(李同國)은 대한민국 축구 선수로, 포지션은 스트라이커였다. 본래 이름은 한자로 李東國이었으나 2007년 李同國으로 개명했다. 전북 현대에서만 11년을 뛰었다. 그의 주특기는 발리슛, 1998년부터 2017년까지 국가대표 선수로 뛰는 동안 105경기에 출전했고, 통산 33골을 기록했다.

1979년 부산에서 태어나 경북 포항에서 자랐다. 포항제철동초등학교, 포항제철중학교, 포항제철공업고등학교, 위덕대학교를 졸업하였다. 데뷔 초기에는 장발 머리였는데, 골을 넣고 환호하며 그라운드를 뛰어다닐 때 머리카락이 흩날리는 모양이 사자의 갈기와 비슷하다는 연유로 '라이언 킹' 또는 '대박이 아빠의 활약상'이라는 별명이 붙었다.

그는 "영화 라이언 킹 주제가를 벨소리로 쓰고 있다."라고 밝히면서, '라이언 킹'에 애정을 나타냈다. "축구 선수마다 별명을 지어

주는 일이 유행한다. 경기장에서 뛰어다니는 폼이 사자와 닮았다고 해서 붙여준 별명이다. 홍명보는 동료들 사이에서 마음이 너무 좋다고 해서 '홍부'라는 별명이 생겼다. 또 그의 플레이 스타일과 국가대표팀에서 눈부신 활약을 편 선수라 '영원한 리베로'라는 별명도 있다."라고 밝혔다.

본래 라이언 킹(Lion King)은 1994년 월트 디즈니 피처 애니메이션에서 제작하고 월트 디즈니 픽처스에서 같은 해 7월 15일 개봉한 미국의 애니메이션 영화 이름이다. 줄거리는 창작 스토리로 셰익스피어의 비극《햄릿》에 큰 영향을 받았으며, 인격화된 동물들이 사는 아프리카의 한 왕국을 배경으로 사자 심바의 왕이 되기까지의 여정을 다룬 것이다.

이동국은 2014년 9월 5일 베네수엘라와의 친선 경기에 출전하여 A매치 100경기 출전을 달성, 센츄리 클럽에 가입했다. 이 경기에서 2골을 기록했다.

포항제철 포스코(POSCO)의 거대한 용광로에서 활활 타오르는 산업 열기를 보면서 자란 이동국은 포철동초등학교에서 축구 수업을 시작한 이래 포철중학교를 거쳐 포철공고를 다니는 동안 축구의 시계가 멈춰선 일이 없었다. 초등학교 시절부터 중·고교까지 축구 엘리트 선수로서의 꿈길을 걸으면서 나름대로 최선을 다했다.

이동국의 축구 인생은 초등학교 3학년으로 거슬러 올라간다. 방과 후에 운동장을 맴돌면서 축구를 익혔다. 지금은 운동 능력이 좋은 아이들은 초등학교 1학년 때부터 학교나 클럽에서 엘리트 축구 수업을 받고 있지만, 그 시절엔 아직 그런 열기가 없었다.

전반기 방과 후 축구부 리그에서 타고난 재능을 보여 준 동국의 축구 인생은 숙명인지도 모른다. 구슬 같은 땀방울을 운동장에 뿌려대면서 축구공과 씨름하듯 시간을 보냈다. 처음엔 별로 신통함을 보여 주지 못했다. 다른 아이들에 비해 눈에 띄는 탁월함도 별로 없었다,

고만고만한 실력들이었다. 그 스스로도 운동 능력이 다른 애들보다 특별히 뛰어난 것도 아니라고 생각했지만, 하겠다는 의지, 하고야 말겠다는 집념은 남달리 무척 강했다. 하지만 스피드, 판단력, 집중력, 몸을 사리지 않는 투지력이 강한 동국의 축구 솜씨는 서서히 두각을 나타내기 시작했다. 또래 아이들을 넘어서서 주전 자리를 꿰차면서 앞서 달려 나갔다.

어찌 보면 타고난 근성과 신체적 능력으로 별다른 경쟁자 없이 가장 마음 편히 축구를 즐길 수 있었던 시기였는지 모른다. 동국이는 포철중 유소년 선수가 되면서 축구 인생의 꿈을 실현하는 지름길로 한발 가까이 들어섰다. 여기서 그의 축구 기본기가 다져졌고, 축구 인생의 토대가 구축되었다.

스틸러스에서 시작한 프로 생활

1998년에 지역 연고 팀이었던 포항 스틸러스에 입단하여 프로 선수 생활이 시작되었다. 그해 3월 21일 천안 일화천마와의 경기에서

프로 데뷔전을 성공적으로 치렀다. 열흘 뒤인 3월 31일 열린 전북 현대 다이노스와의 1998 아디다스컵 경기에서는 프로 데뷔 첫 골을 기록하는 행운을 안았다.

1998년 7월 22일 열린 울산 현대와의 경기에서 K리그 데뷔 골을 뽑아낸 그는 1998 시즌 K리그에서의 활약과 아시안 클럽 챔피언십 우승에 크게 공헌하며 신인상을 받았다. 프로 축구 무대에 혜성처럼 등장한 그는 데뷔 첫해부터 행운이 터진 셈이다.

2000년 대한축구협회의 주도 아래 국내 유망주들의 해외 이적이 진행되었다. 그때 이동국은 무릎 부상을 치료받기 위해 독일에 머물면서 재활 중이었다. 그는 2001년 1월 푸스발-분데스리가 팀 SV 베르더 브레멘로 6개월 임대 형식으로 이적, 해외 무대로 진출했다.

그러나 무릎 부상이 완치되지 못하면서 제동이 걸렸다. SV 베르더 브레멘 구단에서 선수의 건강 상태에 대한 보호 차원으로 출장 기회를 제한한 때문이다. 그로 인해 월드컵 국가대표 선발에도 걸림돌이 될지 모른다는 생각이 들어 귀국했다.

이동국이 축구 인생의 꽃을 피워낸 포항 스틸러스는 대한민국의 프로축구단으로 포항시를 연고지로 둔 팀이다. 현재 K리그 1에 참가하고 있다. 법적으로는 상법상 주식회사이며 포스코의 계열사이다.

1973년에 창단된 포항 스틸러스는 대한민국에서 가장 오래된 프로축구단으로, 창단 후 40년이 지나는 동안 지금까지 이회택, 최순호, 홍명보, 황선홍, 이동국 등 대한민국을 대표하는 간판스타를 비롯하여 50여 명의 국가대표 선수를 배출한 명문 팀이다.

1990년 한국 최초의 축구 전용 구장인 포항 스틸야드를 만들었고, 2000년 K리그 구단 최초로 클럽 하우스를 건립하였다. 포항 스틸러스는 1986년, 1988년, 1992년, 2007년, 2013년 K리그1 우승, 1996년, 2008년, 2012년, 2013년 FA컵 우승, 1996-97, 1997-98, 2009년 AFC 챔피언스 리그 우승 등 명문 팀의 역사를 자랑한다.

창단 멤버는 이회택을 포함하여 모두 13명이었고, 초대 감독은 한홍기가 맡았다. 창단 후 전국실업축구연맹전에 참가하였다. 창단 이듬해에 대통령배 전국축구대회 결승전에서 성균관대학교를 꺾고 우승하였고, 창단 2년 만인 1975년에는 춘계 전국실업축구연맹전 우승을 거머쥐었다.

1981년 추계 대회에서 두 번째 우승을 따냈고, 1982년 연중 리그로 개편된 코리언 리그에서도 우승을 차지하며 승승장구 실력을 뽐냈다.

축구 명문 팀 선수로 들어간 이동국은 FA컵 2회 준우승(2001년, 2002년)에 공헌하는 등 맹활약을 펼쳤다. 하지만 거스 히딩크 감독은 그를 2002년 FIFA 월드컵 최종 엔트리에서 제외하고 그 자리를 설기현으로 채웠다.

2002년 아시안게임에서도 동메달에 그쳐 병역 면제 혜택을 받지 못했다. 그 뒤 광주 상무부대 선수로 들어가 자신의 플레이 스타일도 적극적으로 바꾸고 정신적으로 재무장하여 성숙해지는 모습을 보였다.

그렇게 3년 동안 담금질을 철저히 한 그는 2005년 상무부대 선수로 군 복무를 마치고 포항 스틸러스로 돌아왔다. 2004년 9월 19일 대전 시티즌과의 홈경기에서 K리그 통산 46번째로 20-20클럽에 들어섰다.

이동국은 2007년 1월 23일 프리미어 리그 팀 미들즈브러에 입단했다. 포항 스틸러스 구단에서 대승적인 차원으로 이동국을 이적료 없이 이적시키기로 미들즈브러와 합의함에 따라 정든 스틸러스를 떠났다.

그는 K리그에서 프리미어 리그로 직행하게 된 첫 번째 선수다. 2006년 큰 부상 여파에도 불구하고 데뷔전에서 스튜어트 다우닝의 크로스를 발리슛으로 연결해 골대를 맞추는 등 초반의 인상적인 활약으로 눈에 띄었다. 그 뒤로 골을 기록하지 못하며 현장에서는 별로 좋은 평가를 받지 못했다. 부상 여파 탓인 자신감도 많이 떨어지는 모습을 보였다.

2시즌 동안 FA컵과 풋볼 리그 컵에서 1골씩 넣고, 결국 2007-2008 시즌이 끝난 뒤 2008년 6월 30일 계약을 해지하고 자유로운 몸이 되었다.

그라운드를 떠난 그는 K리그 복귀를 타진하던 중에 성남 일화천마 구단의 러브 콜을 받았다. 성남 일화천마 구단 고위층이 하향세를 보이던 팀에 보탬이 될 것이라며 영입에 적극 나선 것이다. 성남에 입단하기 전까지 대전 시티즌, 수원 삼성 블루윙즈와도 협상이 있었다.

그러나 리그 중위권인 대전 시티즌보다는 상위권인 성남 일화천마에 입단하는 게 낫다고 판단하여 2008년 7월 25일에 성남 일화천마로 이적했다. 여기서도 처음엔 출전 기회를 살리지 못하였다. 시즌 후 팀이 신태용 감독 체제로 전환되는 과정에서 그는 주전 전력에서 배제되어 트레이드 카드로 올라갔다.

전북 현대 모터스에서 날개 펴

이동국은 전북 현대 모터스로부터 입단 제의를 받았다. 조재진이 J리그에 진출하게 되어 전북 현대 모터스에서 그를 영입하겠다고 제의한 것이다. 그 결과 2009년 1월 10일에 미드필더 김상식과 함께 문대성, 홍진섭을 상대로 전북 현대 모터스에 트레이드되었다.

성남에서의 좋지 않은 모습 탓에 주변에서는 전북 최강희 감독의 지나친 모험수라는 우려도 나왔다. 2009 K리그가 개막한 뒤 2라운드 대구 FC와의 경기에서 2골을 멋지게 쏘아 올리며 그에 대한 우려를 말끔히 씻어냈다.

7월 4일 열린 상무와의 경기에서는 시원한 해트트릭을 기록하며 팀의 3 대 2 승리를 이끌었다. 2009 시즌 K리그에서 29경기, 20골을 기록하며 득점왕을 차지하며 날아올랐다. 그가 세운 20골 이상의 득점왕은 K리그 통산 4번째 기록이었다. 시즌이 끝난 뒤 열린 2009 K리그 대상에서 그는 2009 시즌 MVP를 수상하는 영광을 누렸다.

12년 만에 월드컵에 출전하였던 2010년 시즌의 이동국은 활동량이 더욱 증가하며 리그 28경기 12골을 기록하였으며, K리그 개인 통산 99호 골을 기록하였으나 이후의 플레이오프 경기에서 100호 골을 넣지 못해 슬럼프에 빠지는 듯했으나, 다음 해인 2011년 시즌 3라운드 부산 아이파크와의 경기에서 100호 골, 101호 골을 연속 터뜨리며 활기를 되찾았다.

2011 시즌에는 15도움을 기록하면서 도움왕에 선정되어 프로 데뷔 14년 만에 뒤늦은 신인상(1998)을 받았고, MVP(2009), 득점상(2009) 등 K리그 역사상 최초로 4대 개인 타이틀을 모두 수상하는 진기록을 세웠다.

AFC 챔피언스 리그 2011에서 전북은 준우승에 그쳤지만, 이동국은 대회 9득점을 기록하여 득점왕과 함께 대회 MVP를 차지하며 날개를 달고 하늘 높이 솟아올랐다.

2012년 3월 3일 개막전 성남 일화천마와의 경기에서 전반 14분, 18분 연속 골을 터트려 우성용의 116골을 뛰어넘은 117골을 기록, K리그 사상 최다 골 신기록을 세웠다. 그 뒤로도 그의 발놀림은 날카로워서 2012년 11월 4일 부산 아이파크와의 경기에서 2골을 터뜨리며 K리그 통산 137골로 K리그 최다 골 기록을 바꾸어 놓았다.

이런 기세를 몰아 2013년 7월 16일 대전 시티즌전에서는 K리그 통산 최다 연속 득점 기록인 8경기 연속 득점에 도전하였으나, 골을 넣는 데 실패하며 7경기 연속 득점 행진이 멈추고 말았다.

K리그 최초로 70-70클럽 가입

2014년 8월 16일 포항 스틸러스와의 경기에서 전북 입단 이후 181경기 만에 100번째 골을 기록하면서, K리그 역사상 4번째로 한 구단에서 100골을 기록한 선수로 등장했다. 그러나 부상으로 시즌 경기에서 아웃되고 득점왕 타이틀마저 산토스에게 내주었다.

2016년 9월 13일 상하이 상강과의 AFC 챔피언스 리그 8강 2차전 경기에서 3 대 0으로 앞선 가운데 2득점을 터뜨려 팀의 5 대 0승리를 이끌었다. 2017년 9월 17일에 포항 스틸러스를 상대로 1골, 도움 2개를 기록하여 K리그 사상 최초로 70-70클럽에 가입한 선수가 되었다. 2017년 10월 29일 제주 유나이티드를 상대로 1골을 넣어 K리그 사상 최초로 통산 200골을 달성하여 전북의 리그 5번째 우승을 이끄는 주역이 되었다.

이동국은 수원 삼성 블루윙즈와의 K리그 최종전 경기에서 골을 기록하며 K리그 역사상 처음으로 9년 연속 두 자릿수 득점의 대기록을 세웠다. 2018년 2월 13일 가시와 레이솔과의 AFC 챔피언스 조별 리그 1차전에서 하프타임에 교체 선수로 나섰다. 2 대 0으로 뒤지고 있던 상황에서 후반 10분 만회 골과 후반 41분 역전 골을 기록했고 3 대 2 역전승을 거두었다.

2018년 3월 1일 울산 현대와의 K리그1 개막전에서 후반 16분 골을 넣어 2018년 K리그1에서 첫 번째 골을 터뜨렸다. 내친 김에 후반 40분 1도움을 기록해 2 대 0 승리에 일조했다. 2018 시즌 이동국은 35경기, 13골, 5도움을 올리며 K리그 역사상 최초로 10년 연속으로 10득점을 기록한 선수로 이름을 올렸다.

2019년 6월 2일 상주 상무와의 경기에서 문선민의 크로스를 헤딩으로 연결해 득점하는 묘기를 보여 주었다. 이 골로 이동국은 전북 현대 모터스 소속으로 200번째 득점한 선수로 떠올랐다. K리그 사상 한 팀에서 200득점을 기록한 것은 그가 처음이다.

6월 23일 수원 삼성 블루윙즈와의 경기에서는 전반 1분 수원 골키퍼 노동건의 골킥이 이동국의 얼굴에 맞은 뒤 골문 안으로 들어가서 득점으로 이어지는 황당한 장면이 연출되면서 화제를 모았다.

2019 시즌 리그에서 33경기, 9골, 2도움을 기록했다. 2020년 5월 8일 열린 수원 삼성 블루윙즈와의 K리그 개막전 경기에서 시즌 마수걸이 득점을 펼쳤다. 개막전 골은 이동국의 2020 시즌 K리그 1호

골로 기록되었다.

이동국은 1998년 AFC U-19 축구 선수권 대회에서 최다 득점을 하며 대한민국을 우승으로 이끌며 관심을 끌었다. 그때 이동국은 김은중과 투톱을 이루어 그라운드를 누비면서 골을 뽑아냈다. 득점왕과 더불어 대회 MVP에도 올랐다.

신인 시절 황선홍의 뒤를 이을 대형 스트라이커로 주목받은 그는 1998년 5월 16일 자메이카와의 친선 경기에서 후반 34분 황선홍과 교체되면서 처음으로 국가대표팀 경기에 데뷔했다. 그 뒤 1998 FIFA 월드컵 엔트리에 포함되어 예선 2차전에서 서정원과 후반 교체 선수로 출전하며 월드컵 데뷔전을 장식했는데, 그때 이동국의 나이는 19세로 대한민국 역사상 최연소 월드컵 출전 선수가 되었다.

네덜란드전에서 다비즈를 따돌리고 강력한 중거리 슛을 쏘아 네덜란드 골문을 위협하여 강한 인상을 안겨 주기도 했다. 0 대 5로 대패하였지만 당시 경기를 지켜본 영국 언론은 "대한민국 선수 가운데 가장 인상 깊은 선수였다.", "뛰어난 재능을 가졌다."라는 찬사가 쏟아졌다.

실제로 네덜란드 에레디비시의 PSV 에인트호번에서 이동국을 영입하고 싶다는 뜻을 밝혔다. 월드컵이 끝나고 청소년 대표팀, 올림픽 대표팀을 거치며 간판 스트라이커로 자리 잡았다. 2000년 AFC 아시안컵에서도 6골로 넣어 득점왕을 차지했다.

이동국은 3년간 국가대표팀과 청소년 대표팀, 올림픽 대표팀, K리그까지 병행하며 전천후 선수로 활동했다. 그 사이에 승리를 향해 자신의 모든 열정을 쏟았다. 부상도 여러 차례 당했다. 그럼에도 불구하고 물불 가리지 않고 그라운드를 누볐다.

그런 연유로 부상당한 무릎이 회복되지 않았고 팀에서나 국가대표팀에서나 제 실력을 발휘할 수 없었다. 히딩크 감독 역시 이동국의 부상 회복과 혹사 과정 등을 제대로 알지 못한 상황이었다. 그런 상황에서 포항 감독 최순호는 히딩크에게 한 달만 시간을 준다면 몸 상태를 100%로 만들어서 대표팀에 보내 주겠다고 밝혔다.

그러나 히딩크는 자신의 원칙을 고수하며 거절했고, 이동국은 정상적이지 못한 몸 상태로 대표팀에서 뛰며 안타까운 상황을 감수해야만 했다. 나이지리아와의 평가전에서 후반 막판 극적인 결승골을 넣으면서 경기에 불을 지폈다.

행운의 '2004년 최고의 골'

2004년 새로 부임한 요하네스 본프레레 감독의 데뷔전이었던 바레인 경기에서 골을 기록하고, 2004년 AFC 아시안컵에서 4경기, 4골을 기록하는 등 극적인 장면을 계속 연출하면서 요하네스 본프레레 감독의 눈도장을 받았다.

2004년 12월 19일 부산 아시아드 주경기장에서 열린 독일과의 친선 경기에서 세계 최고의 골키퍼 올리버 칸을 상대로 터닝 발리 슛으로 원더 골을 넣어 팀의 3 대 1 승리를 이끌었다. 이 골은 축구 팬들이 뽑은 '2004년 최고의 골'로 선정되었다. 아시안게임에서 이동국은 6경기, 5골을 뽑아냈다.

그 뒤 아시안컵과 월드컵 지역 예선을 통해 10골 이상을 터뜨리면서 '본프레레호의 황태자'로 떠올랐다. 딕 아드보카트 감독이 본프레레 감독의 후임으로 임명된 뒤 대표팀에 소집되어 2006년 FIFA 월드컵 무대를 노렸지만 2006년 4월 십자인대 파열 부상을 입어 무릎 수술을 받게 되자 월드컵 본선 무대의 꿈이 끝내 좌절되었다.

2009년 K리그에서 좋은 활약을 펼치자 일부 축구 팬들은 이동국의 대표팀 발탁을 바라는 목소리를 높였고, 언론들도 이동국의 국가대표 발탁 여부를 조명하기 시작했다.

대표팀의 허정무 감독은 "선수로서 테크닉을 살리는 지혜가 필요하다. 더 좋은 활약을 펼쳐야 한다."라며 유보적인 입장을 밝히다가, 2009년 말 대표팀 평가전에 다시 불러냈다.

다시 대표 선수로 발탁된 뒤 전술 훈련에 나섰으나 적응에 어려움을 겪으며 8경기에서 득점을 기록하지 못했다. K리그에서도 개막 이후 5경기 동안 침묵하다가 AFC 챔피언스 리그와 인천 경기에서 3경기 4골을 연속적으로 넣으며 절정의 분위기를 엮어냈다.

이동국은 2010년 5월 16일 에콰도르전에서 전치 3주의 허벅지 부상을 당하여 월드컵 엔트리 합류 여부가 불투명하였으나 허정무 감독에 의해 2010년 FIFA 월드컵 국가대표 최종 엔트리 23명에 선발되었다.

엎치락뒤치락한 대표선수 선발

2011년 12월, 최강희 감독이 대한민국 축구 국가대표팀의 감독으로 선임된 후 부름을 받았고, 2012년 2월 25일 전주 월드컵경기장에서 열린 우즈베키스탄과의 친선 경기에 이동국은 선발로 출전하여 2골을 넣어 최강희 감독의 데뷔전 승리를 이끌었다. 2010년 3월 3일 코트디부아르와의 평가전 이후 약 2년 만에 나온 골이었다.

2012년 2월 29일 서울 월드컵경기장에서 열린 2014년 FIFA 월드컵 아시아 지역 3차 예선 쿠웨이트와의 마지막 경기에서 후반전에 선제골을 넣었다. 그때 이동국의 결승 골로 한국 축구는 기사회생으로 최종 예선 탈락의 위기에서 벗어났다.

2012년 6월 9일 2014년 FIFA 월드컵 아시아 지역 최종 예선 카타르와의 경기에서는 김신욱의 골을 어시스트하였고, 2012년 9월 11일 우즈베키스탄과의 경기에서는 1 대 1 상황에서 역전 골을 뽑아냈다.

그러나 우즈베키스탄전에서 골을 기록한 이외에는 부진한 플레이로 인해 다음 이란과의 경기에서는 엔트리에서 제외되는 아픔을 겪었다.

K리그에서의 활약을 바탕으로 최강희호에 다시 올라 오스트레일리아와의 친선 경기에서 골을 뽑아내며 존재를 드러냈다. 2013년 6월까지 계속된 카타르, 레바논, 우즈베키스탄, 이란과의 월드컵 최종 예선 경기에서 부동의 원톱으로 경기에 나섰다. 3월 26일 카타르와의 경기에서 손흥민의 골을 어시스트했고 최강희호는 본

선 진출을 확정 지은 뒤 감독직을 놓았다.

홍명보 감독이 국가대표팀 감독으로 부임하면서 이동국은 대표팀에서 단 한 차례도 발탁되지 못하는 수모를 겪었다. 브라질 월드컵 최종 명단에는 기존에 뽑혔던 선수들로 구성하고 깜짝 발탁은 없다는 홍명보 감독의 인터뷰로 인해 브라질 월드컵 출전은 사실상 좌절되었다.

홍 감독은 소속 팀에서 벤치에 있는 선수들은 국가대표팀에 부르지 않겠다던 자신의 원칙을 깨고 박주영을 발탁해 언론으로부터 몰매를 맞았다. 브라질 월드컵 본선에서 결국 홍명보 감독과 인맥 축구 소리를 듣던 박주영은 최악의 부진을 보여 주며 이동국의 부재를 더욱 그립게 만들었다.

브라질 월드컵이 종료된 뒤 2014년 9월 5일 베네수엘라와의 경기에 출전하여 2골을 기록하여 센추리 클럽에 가입하였고, 울리 슈틸리케 감독이 정식으로 부임한 후 2014년 10월 14일 코스타리카와의 경기에서 동점 골을 기록하였다.

2017년 8월 14일, 2018 러시아 월드컵 최종 예선 국가대표 26인에 공격수로 발탁되었다. 신태용 감독은 물오른 이동국 대신 김신욱을 발탁해 2018년 FIFA 월드컵 본선 명단에서는 제외시켰다. 그러나 스웨덴전의 김신욱 카드는 실패로 끝났다.

이동국이 대표팀 붙박이 선수로 상당 기간을 활동하면서 공격수들과의 호흡을 맞추었다. 초창기 시절 대세는 투톱이었는데, 그도 소속 팀에서나 국내 대회에서나 주로 투톱으로 뛰었다. 그러나 후기에는 원톱으로 더 긴 세월을 보냈다. 이동국의 플레이 특성은 사실 원톱 전문이며, 투톱도 가능한 선수였다.

안정환-이동국의 투톱은 본프레레 시절 잠깐 시험해 보고 금방 폐기해 버렸다. 사실 그때는 대표팀 상황 자체가 공격수에게 잘 보급해 주지 못하는 판이었다. 이동국과 박주영 투톱은 적당히 잘 맞았기 때문에 둘이 함께 출전해서 좋은 결과물을 만들어 낸 경기들이 많았다.

이동국이 부상 이후 국가대표로 복귀한 최강희호에서는 박주영과 이동국 투톱이 줄곧 선보였으나 실적은 별로 좋지 않았다. 축구에서는 동료 간의 호흡을 맞추는 일이 매우 중요하다. 손발이 맞지 않으면 경기의 흐름이 제대로 돌아가지 않고 뒤틀리는 경우가 생긴다.

그가 손흥민과 함께 뛰는 기회는 무척 적었다. 이동국이 받고 뿌리면 손흥민이 날리는 그림으로 괜찮은 조합이 될 가능성이 보인다는 평가가 있었다.

홍명보 감독이 사퇴한 뒤 처음으로 소집된 베네수엘라전에서 처음으로 호흡을 맞춰 괜찮은 움직임을 보여 주었다는 평가가 나왔다.

손흥민이 중앙에서 수비를 끌어당기면서 측면으로 뿌려 주는 공을 이동국이 받아 측면에서 속도를 내며 돌진하는 손흥민에게 패스, 상당히 좋은 모습을 보였다. 실제로 이동국이 없는 손흥민은 고립되며 무득점 행진에 빠져들었다.

자기보다 13세나 어린 손흥민의 시대까지 국가대표팀에 차출된 것 자체만으로도 대단하다고 할 수 있다. 아무리 몸 관리를 잘한다고 해도 2010년대 이동국에게 손흥민 극대화와 득점력을 기대하기는 처음부터 무리하다는 것을 예고하고 있었다.

축구 스타 영광의 뒤안길

이동국은 2005년에 박주영, 이관우와 함께 K리그 올스타전 홍보 포스터의 모델로 나섰다. 2005년 12월, 미스코리아 출신 이수진과 결혼하여 2007년 8월 쌍둥이 딸을 낳고, 2013년 7월에도 또 쌍둥이 딸이 태어나면서 딸 넷으로 '딸부자 아빠'가 되었다.

축구 선수 이동국은 딸 넷의 겹쌍둥이로 인기를 끌었다. 34세 청년으로 《세상 그 어떤 것도 나를 흔들 수 없다》는 자서전을 내고 사인회에서 팬들과 만난 그는 겹경사 덕에 한층 밝아 보였다. 위기를 즐긴다는 그의 인생은 손에 땀을 쥐게 하는 축구 경기 그 자체였다.

겹쌍둥이 아빠가 되는 확률은 10만분의 1의 기적인데, 그는 그 엄청난 기적을 일궈냈다. '라이언 킹' 이동국은 여성 팬을 몰고 다녔던 스트라이커다. 1998년 열아홉 살에 프랑스 월드컵 대표팀에 발탁된 그가 네덜란드전 후반 32분에 날린 슈팅은 모두에게 '스트라이커 이동국'을 각인시켜 준 극적인 골이다.

축구 실력에 잘생긴 외모까지 더해져 그라운드의 황태자로 불리던 그의 축구 인생은 '위기'를 항상 끌고 다녔다. 2002년 4월 30일 발표된 한·일 월드컵 최종 명단엔 그의 이름은 없었다.

"모든 상황이 안 좋은 쪽으로 흘러갈 순 없죠. 롤러코스터처럼 오르막과 내리막이 반복되는 게 인생이니까요. 특히 제 축구 인생이 그래요."

　열아홉 살에 스타가 된 그는 4년 만에 바닥으로 주저앉았다. 늘 자신이 최고라고 믿는 사나이, 주변의 우려와 충고에 귀 기울이지 않은 고집불통, 제대로 된 기량이 나오지 않아 초조해하면서도 '설마 나를 떨어뜨리겠는가' 하는 자만심으로 가득 찬 선수, 역시 스타 기질을 버릴 수 없다.

　'스스로 바뀌는 것밖에 답이 없다'고 깨달은 그는 시즌이 끝나고 곧바로 입대를 결심했다. 2005년 3월 상무에서 군 복무를 마치고 제대한 그는 여자 친구에서 연인으로 발전하여 7년간 연애하다가 흰 눈이 펑펑 쏟아지던 12월 18일 결혼했다. 신세기통신의 모델이던 이동국은 무료로 전화를 쓸 수 있었는데, 재미교포 이수진이 하와이에서 수신자 부담으로 전화를 걸게 해서 신세기통신에 2년간 막대한 민폐를 끼쳤다고 그때를 회상했다.

　겹쌍둥이 아빠가 된 다음 해 11월 귀염둥이 아들이 태어났는데, 아들의 '태명이 대박이'라 하여 화제가 되었다. 딸들을 쌍둥이로 연속 낳은 뒤 얻은 아들이라 천금과도 같은 보배, 크나큰 복덩이로 여겨졌다.

　'대박이 아빠'로 널리 알려진 그는 현재 축구 해설위원이자 방송인, 주식회사 대박드림스의 대표로 활동 중이다. 2005년 12월 차두리와 함께 코카콜라 TV CF를 찍었는데, 공교롭게도 두 선수 모두 2006년 FIFA 월드컵 무대 입성이 좌절되었다. 이로 인해 축구 팬들이 '코카콜라의 저주'라는 신조어를 만들어 조롱하는 일이 벌어졌다.

2009년 3월 15일 K리그 2라운드 대구 FC와의 경기에서 2골을 기록하였지만 코너킥 깃발을 차는 골 세리머니 때문에 경고 누적으로 퇴장당하는 불운도 겪었다.

'슈퍼맨이 돌아왔다'의 인기로 2016년 KBS 연예대상에서 버라이어티 부문 최우수상을 받는 행운도 누렸다. 2017년 11월 20일 포항 지진 피해 이재민 돕기 성금 5,000만 원을 약정 기부하는 선행도 보였다.

축구 인생을 바꾼 세 차례 슛

사람에게는 인생을 살면서 누구에게나 몇 번의 결정적 기회는 오기 마련이다. 그 기회를 잘 살려내면 특정 분야에서 진정한 영웅으로 다시 태어날 수 있다. '라이온 킹'으로 불리던 이동국은 월드컵 본선 무대나 잉글랜드 프리미어 리그(EPL)에서 자신의 축구 인생을 바꾸거나 크게 바뀌 놓을 수도 있었던 기회가 여러 번 왔다.

그의 축구 인생에 중대한 전환점이 됐다고 할 수 있는 3차례 슛의 실축, 그건 바로 최악의 실수였고 그의 축구 인생에 오점을 남긴 사례가 되고 말았다.

그 첫 번째 시례. 1998년 프랑스 월드컵 본선 때다. 새해가 밝고 포철공고를 졸업한 뒤 3월 포항 스틸러스에서 프로에 데뷔한 이동국은 그때 만 19세였다. 그는 차범근 감독의 한국 축구 대표팀의 막내로 생애 처음 월드컵 본선 무대를 밟는 행운을 안았다.

그해 6월 21일 프랑스 마르세유의 오렌지 벨로드롬. 이동국은 한국이 E조 조별 리그 2차전에서 0 대 5로 패하는 쓰라림을 맛보았다. 거스 히딩크 감독의 '오렌지군단' 네덜란드를 맞아 무기력하게 0 대 3으로 뒤지고 있던 후반 32분 등번호 21번을 달고 서정원 자리에 들어섰다.

이동국은 한국이 어이없이 당하고만 있던 후반 막판 오른쪽 중원에서 질주하다 임팩트 강한 오른발 중거리포를 작렬시키며 네덜란드를 위협하는 극적인 장면을 연출했다.

이것으로 그는 국내에서 일약 주목받는 10대의 축구 영웅이 됐다. 귀국하자마자 소녀 팬들의 사인 공세를 받으면서 전국적인 축구 스타로 이름을 떨쳤다.

그렇게 태극마크를 달고 월드컵 무대에서 깜짝 스타로 떠오른 이동국은 그 뒤 월드컵 무대에는 불운이 연속적으로 이어졌다. A매치 105차례 출전, 33골(1998~2017년)이라는 기록을 남기고 국가대표 생활을 접었다.

두 번째 사례. 미들즈브러 유니폼을 입고 치른 EPL 데뷔전이다. 2007년 초반 포항 스틸러스를 떠나 꿈에 그리던 미들즈브러로 이적한 것이다. 이동국은 그해 2월 24일 레딩 FC와의 2016-2017 시즌 28라운드 경기에 후반 40분 나이지리아 출신 야쿠부 아예그베니와 교체 투입돼 추가 시간까지 9분 동안 그라운드를 누볐다.

후반 추가 시간 3분을 넘어 이동국에게 절호의 득점 기회가 찾아왔다. 왼쪽에서 길게 문전으로 공이 넘어오자, 페널티 지역 오른쪽에 도사리고 있던 이동국은 자신의 장기인 발리슛을 논스톱 왼발로 작렬시켰다.

그러나 그의 발을 떠난 공은 아쉽게도 오른쪽 골대를 맞고 튕겨 나가 버렸다. EPL 데뷔 무대에서 보란 듯 첫 골을 넣을 수 있었으나 축구의 신은 그 찬스를 허락하지 않았다.

이동국이 이날 골을 넣고 화려하게 잉글랜드 무대를 출발했으면 그의 축구 인생은 아마도 크게 달라졌을지도 모른다. 축구 선수는 골을 넣는 것이 생명이다. 아무리 훌륭한 선수라 해도 골을 넣지 못한다면 빛을 내기 어렵다.

그는 2007-2008 시즌까지 한 시즌 반을 뛰었으나, 결국 EPL에서는 1골도 넣지 못하고 짐을 싸고 팀을 떠났다. 다시 돌아온 곳이 성남 일화. 거기서 1년 뛰다가 최강희 감독의 부름을 받고 2009년 전북 현대로 이적했다. 여기서 그의 화려한 축구 인생을 새롭게 써 나갔다.

세 번째 사례. 2010 남아공 월드컵 16강전 때 어이없는 실축을 했다. 그해 6월 26일 포트 엘리자베스의 넬슨 만델라 스타디움. 허정무 감독의 한국 대표팀은 남미의 강호 우루과이를 맞아 전반 7분 당시 23세 루이스 수아레스에게 먼저 골을 내주었다. 수아레스는 한국 수비진이 문전에서 엉성하게 볼을 흘려 주는 사이에 골대로 파고들며 골을 넣었다.

한국은 후반 22분 이청용이 우루과이 문전 혼전 중에 헤딩골을 성공시키며 1 대 1 동점을 만들었다. 이로써 8강 진출에 희망의 끈을 잡는 듯했다. 허정무 감독은 후반 15분 김재성을 빼고 이동국을 투입해 반전을 노렸다.

이동국은 이날 후반 42분 중앙에 있던 박지성의 킬 패스를 받아 문전 오른쪽에서 골키퍼와 맞서는 단독 기회를 맞았다. 그러나 우중 경기에는 너무 서둔 탓에 질척거리는 잔디 운동장에 비에 젖은 공을 날렸으나 빗나가고 말았다. 결국 1 대 2로 패배, 8강 문턱에서 좌절했다.

이동국은 1998년 프랑스 월드컵에서 반짝 스타로 등장했지만 2002 한·일 월드컵 때는 거스 히딩크 감독에 발탁되지 못해 한국팀의 4강 신화를 먼발치에서 지켜봐야 하는 신세가 됐다. 2006년 독일 월드컵에선 K리그에서 당한 무릎 부상 때문에 그라운드를 밟지 못했다. 4년 뒤 남아공 월드컵에서는 평생 두고두고 후회할 슛을 날리는 실축을 했다.

2018년 러시아 월드컵을 앞두고 마지막 기회가 오는 듯했으나 신태용 감독은 그에게 끝내 기회를 주지 않았다. 월드컵과 EPL은 되돌아보면 돌아볼수록 '라이언 킹'에게는 아쉬울 수밖에 없는 무대였다.

은퇴 후 등번호 20번 영구 결번

이동국은 2011년 9~11월 몸 상태가 괜찮았으나, 그를 외면하던 조광래 감독이 여론에 못 이긴 채 발탁하고, 폴란드와의 평가전에서는 맞춤 전술을 구사하겠다고 언론에 밝혔다. 그러나 조 감독은 스리톱 전술로 어울리지 않는 작전을 지시하다가 후반전 시작과 함께 바로 경기장 밖으로 내보냈다. 그다음 경기에서도 후반전 20

여 분만을 뛰게 했다. 이에 실망한 이동국은 대표팀 은퇴를 예고하는 트위터 글을 남겼다.

2020 시즌 최종전을 끝으로 현역에서 은퇴했다. 10월 28일에 은퇴와 관련한 기자회견을 가졌다. 그로부터 4일 뒤인 11월 1일 전주에서 열린 대구 FC와의 K리그1에서 전북 현대 모터스 구단은 이동국의 눈부신 활동과 업적을 영원히 기리기 위해 그의 등번호 20번을 '영구 결번'으로 남겨 둔다고 밝혔다.

이동국은 그라운드 떠나도 'K리그 전설'로 영원히 남을 것이다. 그는 SNS에 "끝이 아닌 새로운 시작… 오랜 생각 끝에 내린 결정이다. 다가오는 홈경기가 등 번호 20번을 달고 팬들과 함께하는 마지막 경기라 생각하니 벌써 가슴이 먹먹해 온다. 마지막까지 축구 선수 이동국이란 이름으로 최선을 다해 뛰겠다."라는 글을 올렸다.

K리그·AFC 챔피언스 리그 최다 골 기록 등 전설 같은 기록들을 남기고 23년 프로 생활을 마무리하면서 땀방울로 얼룩진 정든 그라운드를 떠났다. 한국 프로축구 K리그의 살아 있는 전설인 '라이언 킹' 이동국, 그가 그라운드를 떠나는 날, 전주 월드컵경기장에서

은퇴 기자회견을 열고, 23년간 프로축구 선수로서의 활약을 마치고 제2의 인생을 선언했다.

그 자리는 바로 대구 FC와 K리그 최종 27라운드 홈경기가 펼쳐졌다. 2위 울산 현대에 승점 3이 앞선 채 선두에 자리한 전북은 대구와 비기기만 해도 자력으로 K리그 최초의 4년 연속 우승을 이루게 되는 자리였다.

"은퇴는 끝이 아닌 새로운 시작"이라는 그의 말은 수많은 팬의 가슴을 울려주었다. 1998년 포항 스틸러스에서 프로에 데뷔한 이동국은 광주 상무, 성남 일화를 거쳐 전북에서 선수 생활을 이어가면서 K리그 통산 547경기에 출전해 228골, 77도움을 기록했다.

228골은 K리그 통산 최다 골 기록이다. K리그를 넘어 아시아 최고의 공격수로서 이름을 날린 그가 걸어온 길은 곧 한국 프로축구 역사의 한 페이지이며, K리그의 '살아있는 전설'이기도 하다.

박종환 전 대구 FC 감독은 "국내 최고의 스트라이커는 이동국이다. 부상으로 장기간 쉬어서 경기 감각이 떨어지더라도 90분 풀로 뛰는 것 정도는 충분히 알아서 하는 선수다."라고 칭찬했다.

이동국은 축구장에 들어서는 순간부터 고삐 풀린 말처럼 거침없이 종횡무진으로 그라운드를 누빈다. 어디서 그런 힘이 솟아나는지 알 수 없다.

황선홍은 말했다.

"내가 가장 존경하는 선수는 이동국, 그는 나의 우상입니다."

'황소' 스타 황희찬 스토리

'황소' 스타 황희찬 스토리

유스클럽 꿈나무로 인기

황희찬(黃喜燦)은 대한민국의 축구 선수로 현재 잉글랜드 프리미어 리그 울버햄프턴 원더러스에서 공격수로 뛰고 있다.

강원도 춘천에서 태어나 경기도 부천으로 이사해 까치울초등학교에 입학한 황희찬은 초등학교 3학년 때부터 축구를 좋아했다. 부천 부인초등학교로 전학한 황희찬은 유스클럽 축구 선수로 꿈을 키웠다. 의정부 신곡초등학교 축구부 선수로 전학하여 2008년 동원컵 왕중왕 경기에서 우승을 이끌고 득점왕에 올랐다.

같은 해 화랑대기 축구대회에서는 준우승에 머물렀으나, 1차전부터 결승전까지 오르는 사이에 19골을 넣으며 역대 최다 기록으로 최고 득점상을 수상하고 유망주로 떠올랐다. 호주 캉가컵(Kanga Cup) 세계유소년축구대회에서도 통산 22골을 넣어 최고 득점상을 차지하였다. 이러한 활약을 바탕으로 제21회 차범근 축구상 대상을 수상하는 영예를 안았다.

초등학교 시절 이미 '축구 신동' 소리를 들은 그는 포항 스틸러스 U-15 유소년팀으로 유명한 포항제철중학교에 진학하여 2011년 전국 중등축구 리그 우승과 왕중왕전 우승을 이끌었으며, 같은 해 대한축구협회 중등부 최우수 선수상을 받았다.

포항제철고등학교로 진학한 그는 고교 2학년 때인 2013년에 고3 선배들을 제치고 팀의 주축으로 활약하며 K리그 주니어 정규 리그 우승과 왕중왕전을 이끌었다. 정규 리그에서는 대회 베스트 11에 선정되었고, 왕중왕전에서는 6경기 10골을 기록하며 대회 득점왕과 MVP에 뽑혔다. 그 뒤에도 나상호와 득점왕 경쟁을 벌이면서 포철고의 4관왕을 이끌었다.

황희찬은 K리그 드래프트에서 포항 스틸러스의 우선 지명을 받아 일찌감치 입단 자격을 따냈으나 2014년 12월 16일 오스트리아의 FC 레드불 잘츠부르크에 입단했다. FC 레드불 잘츠부르크에 이적한 뒤, 바로 잘츠부르크의 2군 팀인 FC 리퍼링에 임대되었고, 한 시즌 30경기에 출전하여 18골을 넣는 맹활약을 펼쳤다. 2016년 11월 UEFA 유로파 리그에서 OGC 니스 상대로 유럽 대항전 데뷔 골과 멀티 골을 터트렸다.

2018년 8월 독일 분데스리가의 함부르크 SV로 임대 선수가 되고, 2020년 7월 분데스리가의 RB 라이프치히와 5년 계약을 맺었다. 다음해 8월 프리미어 리그의 울버햄프턴 원더러스 FC로 임대 선수로 옮겼다. 그 뒤 2022년 1월 26일 울버햄프턴 원더러스 FC로 이적했다.

국가 선수의 화려한 경력

2012년 AFC U-16 축구 선수권대회에 참가하여 북한과의 본선 경기에서 해트트릭을 기록하였으며, 이어 한·일전에서도 선제골을 기록하는 등의 활약으로 대회 득점상을 안았다. 2014년 AFC U-19 축구 선수권대회에 참가한 그는 2015년 9월 29일 호주와의 두 차례 평가전을 앞두고 발표된 U-23 대표팀 명단에 이름을 올렸다.

평가전 첫 경기에서 과감한 돌파로 지언학의 골을 어시스트하는 등 맹활약하였고 2016년 1월 4일 아랍에미리트와의 평가전에서는 권창훈이 내준 볼을 그대로 밀어 넣어 자신의 U-23 대표팀에서의 첫 골을 기록했다.

2016년 6월 27일 발표된 리우 올림픽 출전 U-23 대표팀 최종 명단에 들었다. 조별 리그 2차전 독일과의 경기에서 정승현의 머리를 맞고 흐른 볼을 가볍게 밀어 넣어 U-23 대표팀에서의 두 번째 골이자 올림픽 데뷔 골을 성공시켰다.

2016년 8월 22일 2018년 FIFA 월드컵 예선에 참가할 대한민국 대표팀 명단에 처음으로 이름을 올린 그는 9월 1일에 열린 중국과의 2018년 FIFA 월드컵 예선경기에서 A매치 데뷔전을 성공적으로 치렀다.

카타르와의 2018년 FIFA 월드컵 예선 경기에서 황일수가 머리로 받아준 공을 논스톱 왼발 슛으로 연결하여 A매치 데뷔 골을 뽑아냈다. 이 경기에서는 황희찬이 골을 넣으며 기성용과 호흡을 맞추었지만 끝내 카타르에 2 대 3으로 패배했다.

2018년 3월 28일 폴란드와의 친선 경기에서 후반 42분 박주호가 내준 볼을 득점으로 연결하는 묘기를 보여 주었다. 이 골은 황희찬의 A매치 두 번째 골이었다. 폴란드에 0 대 2로 뒤진 상황에서 이창민과 황희찬이 연속 득점하며 원점으로 돌렸으나 후반 추가 시간 피오트르 지엘린스키에게 공을 허용하며 2 대 3으로 석패하는 아쉬움을 남겼다.

2018년 러시아 월드컵 때 대한민국 국가대표팀 최종 명단에 포함되었다. 그해 월드컵 이후 아시안게임에 출전하여 바레인 경기 프리킥 골, 우즈베키스탄 경기 페널티킥 골, 일본 경기 헤딩 골을 뽑아내고 3득점을 올리며 대한민국에 금메달을 안겨 주고 그 공로로 병역 특례를 받았다.

야성미 넘치는 플레이

황희찬은 꽃미남은 아니지만, 황소라는 별명답게 야성미 넘치는 플레이를 펼치는 선수로 이름을 떨쳐 유럽 지역에 여성 팬들이 많다. 실제로 서양 여성 팬들은 꽃미남형 외모보다는 남성미가 느껴지는 외모를 훨씬 더 좋아하고 있다. 그런 문화적 흐름에 이름을 올린 한국 선수 가운데는 정성룡, 설기현, 황희찬 등이 있다. 남성적인 외모, 야성미가 넘치는 선수라는 평가를 받은 것이다.

황희찬은 배우 여진구를 닮았다는 소리를 듣는다. 그 자신도 이를 인정할 정도이다. 그래서 "손흥민으로부터 욕만 잔뜩 얻어먹었다."라고 실토한 적이 있다. 팬들 사이에선 닮은꼴 배우로 류준열을 꼽는다.

그는 "내가 축구 선수로서 좋아하는 우상은 알레샨드리 파투 선수다. 그의 유니폼을 보물처럼 지니고 있으며, 그와 같은 선수가 되고자 한다."라고 말했다.

알레샨드리 파투는 본래 '알레샨드리 호드리기스 다 시우바'라는 긴 이름이 본명이다. 브라질의 파투 브랑쿠에서 태어난 축구 선수로, '알레샨드리 파투'라는 포르투갈어로 널리 알려져 있다. '파투'는 포르투갈어로 오리를 뜻한다. 그의 포지션은 스트라이커이다.

2001년 인테르나시오날의 유소년팀에 합류한 파투는 날이 갈수록 발전하였다. 그를 빼앗길까 두려웠던 인테르나시오날이 "파투에게 두건을 씌우고 훈련시켰다."라는 일은 유명한 일화이다.

그의 첫 경기는 2006년 11월 26일에 있었던 파우메이라스와의 경기인데, 그때 선발 출장한 파투는 경기가 시작한 지 불과 1분 34초 만에 데뷔 골을 터뜨려 환호를 받았다. 그 골을 포함하여 3개의 어시스트를 기록하며 화려한 신고식을 가졌다. 데뷔전에서 보여 준 놀라운 활약으로 그는 많은 스포트라이트를 받았고 바르셀로나의 호나우지뉴와 비교되기도 하였다. '황소'처럼 뚝심의 경기를 펴는 황희찬이 그를 우상으로 여기는 것은 매우 당연하고도 자연스러운 일인지 모른다.

포르투갈의 축구 선수 출신으로 2021년부터 울버햄튼 원더러스 FC 감독을 맡았던 브루누 라즈는 황희찬을 이렇게 평가했다.

"축구계에서 황희찬을 관찰할 때, 세컨드 스트라이커로서 수비라인 사이에서 활약이 뛰어난 선수라는 것이다. 팀 전술에서 창조성과 역동적인 플레이로 활력을 안겨 주는 선수로 꼽는다. 내가 벤피카 감독이던 시절부터 황희찬에 대한 보고서를 받았기 때문에 나는 그를 잘 알고 있었다. 울버햄튼에서 황희찬을 영입할 기회가 왔을 때 망설이지 않고 구단과 상의했다. 그는 피지컬이 좋고 울버햄튼의 전술을 수행하는 데 최적의 선수라고 생각한다. 우리는 그와 같은 선수가 필요했다. 내가 황희찬을 좋아하는 이유는 황희찬의 골 때문만은 아니다, 그의 경기력은 전반적으로 좋다. 울브스에 많은 것을 가져다 줄 수 있는 선수라고 생각한다.

황희찬에게 데뷔 골이 어떻게 들어갔는지는 중요하지 않다. 공이 골문 안으로 들어갔다는 사실이 더 중요하다. 우리는 두 번째 골로 왓포드 FC로부터 리드를 지킬 수 있었다. 황희찬은 엄청난 파워력을 지닌 훌륭한 선수다. 아직 황희찬과 많은 시간을 보내지는 못했지만 그는 플레이할 때 행복해 보인다. 그는 많이 뛰고, 날카로우며 온더볼 상황에서 매우 공격적이다. 우리 팀에 많은 것을 줄 수 있는 환상적인 선수이다."

온더볼은 축구 경기에서 선수가 공을 소유하고 있지 않을 때의 움직임을 뜻하는 용어로 팀 선수들에게 활력을 넣어 주는 강력한 에너지인데, 황희찬이 바로 그런 선수라는 것이다. 그에게는 좋은 경기력을 보여 주는 힘, 승리를 향한 집념이 남달리 강하다. 특유의 자신감 있는 플레이를 펼친다. 속도, 기술, 볼 터치, 이해력까지 축구에서 필요한 모든 것을 갖춘 선수이다. 그는 언제나 번개처럼 드리블을 하면서 골문 앞으로 치고 달린다.

저돌적인 경기에 찬사

황희찬은 신곡초등학교 재학 시절인 2008년 동원컵 왕중왕전 대회 득점왕에 오르면서 우승을 따내는 주역이었다. 같은 해 화랑대기 대회에서는 19골을 넣으며 역대 최다 기록으로 최고 득점상을 수상하였지만 우승 문턱에서 밀려나 준우승에 머물렀다.

오스트리아 FC 레드불 잘츠부르크로 이적한 뒤에는 곧바로 1군이 아닌 2부 리그에 참가했다. 2015년 2월 28일 아우스트리아 루스테나우 원정에서 2부 리그 첫 경기를 치르면서 1도움을 기록, 시즌 후반기를 소화했다.

2015-16 시즌도 2군에서 출발했다. 2015년 10월 17일, SV 아우스트리아 잘츠부르크와의 경기에서 경기 시작 40초 만에 골을 넣어 그라운드를 환호의 물결로 흔들어 놓았다. 시즌 전반기에만 11골을 넣으며 뛰어난 성장세로 1군에 합류했다. 2016-17 시즌을 1군에서 시작한 그는 등 번호를 19번으로 바꾸었다. 2016년 11월 유로파리그 OGC 니스와의 I조 4차전에서 후반 17분 교체 선수로 들어갔다. 교체된 지 10분 만에 헤딩으로 선제골을 날리고, 그다음 채 1분도 지나기 전에 쐐기 골을 넣으며 2 대 0 승리의 1등 공신이 되었다. 이로써 I조 최하위였던 잘츠부르크는 승점에서 니스에 골득실 차로 앞서며 3위에 올랐다.

이런 공로로 2020년까지 재계약을 맺었다. 그 이전의 경기에서 2골을 넣으며 팀을 승리로 이끈 것도 한몫했다. 리그와 컵 대회까지 우승을 거머쥐면서 그의 몸값도 뛰어올랐다. 팀에서는 최다 득점자이자 리그에서도 12골로 득점 3위에도 랭크되었다. '함부르크 SV의 영입 명단에 올랐다'는 기사가 신문에 등장했다.

2017년 7월 27일 오스트리아 잘츠부르크 레드불 아레나에서 열린 2017-2018 시즌 유럽축구연맹(UEFA) 챔피언스 리그 3차 예선 리예카와의 1차전 홈경기에서 최전방 공격수로 선발 출전해 0 대 1로 뒤진 후반 4분 동점골을 터뜨리며 1 대 1 무승부를 이끌었다.

2017년 7월 30일, LASK 린츠를 상대로 리그 첫 득점을 올렸다. UCL 예선 3경기, 컵 대회 1경기, 리그 2경기 등 6경기에서 4득점으로 놀라운 페이스를 연출하며 그라운드를 녹여 나갔다. 또 2017년

8월 17일 유로파 리그 플레이오프 1차전에서 비토룰을 상대로 시즌 6호 골을 뽑아내 총 9경기 6골로 상승세를 이어나갔다.

2017년 8월 21일 장 폴텐과의 리그 경기에서 교체 출전하여 시즌 7호 골을 추가했고, 8월 21일 현재 10경기 7골을 기록했다. 그해 11월 20일 오랜 부상을 털고 교체 출전으로 리그에 복귀한 뒤 유로파 리그 5라운드 때 비토리아 SC를 상대로 교체 선수로 들어가 골을 넣었고, 3일 뒤 리그에서 또 골을 넣으며 부상한 몸으로도 건재함을 보여 주었다.

유럽 대항전인 유로파 리그에서 32강전 레알 소시에다드 16강전인 도르트문트 경기에서는 골은 넣지 못했으나 두 번의 페널티킥 유도와 빠른 돌파로 상대 수비진을 흔들어 놓으며 잘츠부르크가 오스트리아 클럽 최초로 유럽 대항전 8강 진출이라는 업적을 세우는 데 공헌했다. 더구나 대표팀의 전력 시스템인 4-4-2에서 파워력을 보이면서 긍정적인 이미지를 안겨 주었다.

2018년 4월 13일 유로파 리그 8강전 라치오 경기에서는 쐐기 골을 넣으면서 팀의 4강 진출을 확정지었다. 2017-18 시즌 37경기에서 13골, 4도움을 올린 그는 "황소를 연상케 하는 저돌적인 플레이를 하는 선수"라며 로마 언론으로부터 찬사를 받았다.

함부르크 SV에서 펄펄 날다

황희찬은 2018-19 시즌을 맞아 새로운 변화를 일으켰다. 그해 8

월 31일 아시안게임에 참가 중인 도중에 1년 임대 소식이 발표되었다. 임대 1년에 함부르크가 1부 리그로 승격해도 완전 이적 조항이 없는 계약이다.

이미 1년 전부터 함부르크에서 영입하려고 했지만 잘츠부르크에서 100억 원을 넘게 내걸면서 결렬이 되었던 일이 있었다. 결국은 함부르크가 2부 리그로 떨어지고 단기 임대로라도 뛰게 되었다.

함부르크가 명문 팀이지만 2부 리그로 강등된 상황이라 잘츠부르크가 유로파 리그도 참여하는 상황임을 보면 업그레이드라고 볼 수도 있다. 결국 황희찬이 독일 2부 리그로 내려간 함부르크 임대를 택한 이유는 잘츠부르크의 완강한 협상 자세 때문이었다.

황희찬을 원하는 분데스리가 1부 여러 팀과 스페인 레알 소시에다드와 이적 협상을 벌였지만 잘츠부르크는 최소한 1,500만 유로(약 195억 원)의 이적료를 받아야 황희찬을 보내줄 수 있다는 입장을 고수했다.

협상 과정에서 헤르타 베를린, 뉘른베르크 등이 마지막까지 적극성을 보였다. 1,000만 유로(약 130억 원)까지 제시하면서 대화가 오갔지만 잘츠부르크는 물러서지 않았다. 이 가운데 황희찬을 꾸준히 원해 온 함부르크가 1부 승격이라는 당면한 목표를 위해 임대 영입 카드를 꺼냈다.

함부르크는 임대 후 완전 영입 옵션을 원했지만, 잘츠부르크가 거부했다. 1년 임대 활약 후 완전 영입을 원하면 다시 이적료 협상을 할 수 있다. 1년 뒤 황희찬의 활약에 따라 상승할 몸값을 기대한 것이다.

잘츠부르크는 2021년까지 황희찬과 연장 계약해 협상 주도권을 갖고 있었다. 구단 공식 홈페이지에 20번으로 등 번호가 등록되었다.

그해 9월 15일 리그 4라운드 하이덴하임 경기에 원톱으로 선발 출전하여 풀타임을 소화했다. 득점에는 실패했지만 경기 내내 특유의 저돌적인 돌파력과 투지 넘치는 플레이를 보이면서 그의 인기는 더욱 높아졌다.

사흘 뒤인 9월 18일 리그 5라운드 디나모 드레스덴 경기 후반 시작과 동시에 교체 선수로 나갔다. 후반 67분 페널티 박스 안에서 포스트 쪽을 보고 찬 감아차기 슈팅이 그림 같은 포문을 그리며 골문으로 빨려 들어가며 이적 후에 귀중한 첫 골을 기록했다. 이 골이 결승골이 되어 팀이 1 대 0 승리를 거두었다.

9월 23일 리그 6라운드 SSV 얀 레겐스부르크와의 홈경기에 우측 날개로 선발 출전했다. 팀이 전반에만 3점을 내주면서 전운이 어두워진 가운데 경기 흐름을 바꾸기 위해 빠르게 교체를 감행했고, 황희찬은 망갈라와 투톱을 이루었다. 활기찬 플레이를 보이며 풀타임을 소화했지만 팀은 0 대 5로 대패했다.

10월 21일 리그 10라운드 VfL 보훔과의 홈경기에 최전방 공격수로 선발 출전했다. 보훔의 이청용도 선발 출전하면서 분데스 2부에서의 코리안 더비가 이루어졌다. 12월 1일 리그 15라운드 FC 잉골슈타트 04전에서 51분 홀트비의 패스를 페널티 박스 안에서 받아 수비수 한 명을 제치고 골키퍼 가랑이 사이를 통과하는 강슛으로 시즌 2호 골을 올렸다.

아시안컵에서 부상을 당해 치료를 받은 그는 다음 해 2월 16일 하이덴하임 경기에서 복귀전을 치렀다. 2018-19 시즌 최종 성적은 리그 20경기 출전, 2골 1도움으로 기대치에 못 미치는 아쉬운 성적을 거두었다. 2019년 4월 원 소속 팀인 잘츠부르크가 "황희찬의 임대를 종료한다"고 발표함에 따라, 함부르크에서의 생활은 1시즌 만에 끝났다.

유럽 챔피언스 리그서 맹활약

황희찬은 팀의 주전 공격수인 무나스 다부르가 세비야가 FC로 이적한 뒤에 새로 영입된 특급 유망주 엘링 홀란 팻슨 다카와 주전 경쟁이 불가피한 상황을 맞았다. 2019년 7월 27일 라피드 빈과의 오스트리아 분데스리가 개막전에서 후반 17분 교체 투입된 황희찬은 팀의 2번째 골을 어시스트하며 팀 승리에 일조했다.

이날 황희찬은 1 대 0으로 앞서던 후반 17분 팻슨 다카와 교체되었다. 활기차게 그라운드를 누비던 황희찬은 후반 37분 오른쪽 측면에서 오쿠가와 마사야에게 패스를 했고, 마사야가 그 볼을 받아 골로 연결시켰다. 개막전에 파트손 다카, 엘링 홀란드가 투톱을 이뤄 선발 출전하고 있는 것을 본 그는 주전 경쟁에서 밀렸다고 생각했다.

하지만 그는 자신의 페이스를 지켰다. 8월 11일 홈에서 열린 3라운드 볼프스베르크 AC전에서 2도움을 기록했다. 이 경기에서는 팀이 5 대 2로 승리하였다. 교체로만 출전하여 리그에서만 3도움을 기록해 나갔다. 잘츠부르크에서 뛰는 동안 한 시즌 최고 도움 기록이 2도움이었는데 벌써 이 기록을 넘어선 것이다. 8월 18일 4라운드 장크트 푈텐전에서도 1골, 2도움을 올렸다.

8월 26일 5라운드 아드미라 바커 뫼들링 전에서는 선발로 출전해 자신이 얻어낸 페널티킥을 처리하고, 곧바로 한 골을 더 추가하면서 멀티 골을 기록했다. 이로써 팀은 5 대 0으로 대승을 거두었다. 시즌 성적도 3골, 6도움으로 높아지면서 물이 오른 모습을 보였다.

이대로 나간다면 빅리그 입성도 충분히 가능하다는 생각이 들었다. 황희찬은 리그 수준을 감안해도 한국인 해외 스타들 가운데 단연 압도적인 성적이다. 8월 31일 오스트리아 분데스리가 6라운드에서 잘츠부르크가 티롤 바텐스에 5 대 1 승리를 거둘 때도 황희찬은 1골, 1도움을 기록했다. 그때 맨유와 아스날, AC 밀란에서 황희찬과 홀란드를 보기 위해 스카우터를 파견했다는 소식이 전해졌다.

9월 18일에 열리는 챔스 경기를 앞두고 체력 안배를 위해 리그 경기에서 빠졌다. 헹크와의 챔피언스 리그 조별 리그 1차전에서는 1골, 2도움을 기록하며 해트트릭을 달성한 홀란드와 함께 팀을 6 대 2 대승을 이끄는 주역이 되었다.

후스코어드 닷컴에서 평점 10점 만점을 받으며 완벽한 챔스 데뷔전을 성공적으로 치렀다. 눈여겨볼 장면은 홀란드의 두 번째 골을 어시스트할 때 피지컬로 상대 수비와의 몸싸움을 이겨내면서 패스를 연결해 주어 황소 기질을 드러냈다. 이날 유럽 챔피언스 리그에서 우리나라 선수로는 손흥민에 이어 두 번째로 어린 나이에 첫 골을 기록한 선수가 되었다.

그의 몸값이 한창 치솟아 오르던 참에, 뜻밖에도 훈련 도중 망막을 다치는 타박상을 입으면서 컵 대회에 나갈 수 없는 처지가 되었다. 다행히 눈만 부상을 당했고 몸에는 이상이 없어 2경기 만에 다시 복귀하였다.

아우스트리아 빈과의 경기에서 후반 23분 교체로 들어가 눈을 보호하는 고글을 쓰고 활약하는 모습을 보여 감동을 안겨주었다. 그때 잘츠부르크는 젊은 선수들로 구성된 팀이라 활력이 넘쳤다. 경기가 끝난 뒤 다른 선수들이 고글을 신기하게 여기면서 서로 돌려써보며 한바탕 난리가 벌어지기도 했다.

10월 3일, 챔피언스 리그 조별 리그 2차전 리버풀과의 경기에서 선발로 나갔는데, 이때 최고의 활약을 펼치면서 황소의 저력을 그라운드에 쏟아냈다. 디펜딩 챔피언인 리버풀을 상대로 1골 1도움을 기록하는 활약이었다. 0 대 3으로 크게 뒤지고 있던 팀에 활력을 불어 넣으며 만회 골을 시작으로 반격을 가하며 3 대 3 동점까지 따라잡았으나, 모하메드 살라에게 결승 골을 내주며 아쉽게 패했다.

이 경기에서 황희찬의 왼발 슛 모션에 당시 최고의 수비수인 버질 판데이크가 속아 슬라이딩 태클을 했고, 오른발로 강슛을 날려 골문을 흔들었다. 그 뒤로 멋진 왼발 크로스로 미나미노 타쿠미에게 골을 어시스트했다. 이 경기의 활력으로 황희찬의 평가가 완전히 뒤집혔다.

2019-20 프리 시즌에서 레알 마드리드 같은 강팀들을 상대로도

좋은 모습을 보여 주었다. 하지만 프리 시즌은 말 그대로 프리 시즌일 뿐이라며 가볍게 여기는 반응들이 많았다. 어떤 팀에게도 쉽지 않은 안필드 원정에서 1골, 1도움으로 좋은 활약을 연출하면서 황희찬의 실력이 날로 성장한 것이 그대로 드러났다.

10월 6일 오스트리아 분데스리가 10라운드 SC 라인도르프 알타흐 경기에서 교체로 출전해 리그 5호 골을 기록하며 기량을 한껏 뽐냈다. 10월 23일 챔피언스 리그 조별 리그 3차전 SSC 나폴리와의 홈 경기에서 선발로 들어가 전반 38분 케빈 말퀴를 상대로 페널티킥을 얻어 냈다. 10월 27일 SK 라피트 빈과의 경기에서는 페널티킥을 골로 연결시키지 못했으나 어시스트를 기록하며 실수를 만회했다.

11월 6일 챔피언스 리그 조별 리그 4차전 SSC 나폴리 원정에서 선발로 뛰었다. 전반 11분 우측에서 칼리두 쿨리발리를 상대로 돌파를 시도하다가 걸려 넘어지면서 페널티킥을 얻어 냈다. 팀은 로사노에게 동점 골을 허용해 1 대 1 무승부를 거뒀다. 이날 경기가 무승부로 끝나면서 16강 진출에 일단 먹구름이 깔렸다.

11월 28일 챔피언스 리그 조별 리그 5차전 KRC 헹크 원정에서 골을 터뜨렸다. 홀란드의 컨디션 문제로 다카와 투톱으로 출전해 좋은 기량을 보여 주었다. 전반에 결정적인 찬스를 놓쳤지만, 후반에 2 대 0으로 앞선 상황에서 바깥쪽으로 돌았다 안쪽으로 치고 들어가는 좋은 날쌘 동작으로 골을 뽑아내며 시즌 8호 골이자 챔피언스 리그 3호 골을 넣었다. 팀은 4 대 1로 대승을 거두었다.

잘츠부르크는 마지막 6차전에서 리버풀을 홈으로 불러들이는데,

잘츠부르크가 이길 경우 다음 라운드 진출이 가능해 기대를 모으고 있다. 12월 1일, 오스트리아 분데스리가 16라운드 아드미라 경기에서 선발 출전했다. 팀이 전반 16분 아드미라의 시난 바키슈에게 선제골을 내주고 끌려가던 중에, 후반 32분 미나미노 타쿠미의 크로스를 그대로 밀어 넣어 동점 골을 기록했다.

12월 7일에 펼쳐진 17라운드 WSG 스와로브스키 티롤과의 경기에서 교체로 들어갔는데, 이는 리버풀과의 챔스 조별 리그 6차전을 대비하기 위한 전략이었다. 12월 11일에 펼쳐진 리버풀과의 경기에서 잘츠부르크는 좋은 흐름을 보여 줬으나 끝내 득점을 만들지 못했다. 황희찬은 전반전 초반 측면에서 안필드에서 득점한 골과 비슷한 장면을 보여 줬지만 동료에게 컷 백을 내주는 대신 슛을 때리면서 득점 찬스를 놓쳤다. 팀은 2 대 0으로 패배해 아쉽게도 챔피언스리그 토너먼트에 진출하지 못한 채 유로파 리그로 가게 되었다.

축구 스타로 존재감 발휘

2019-20 프리 시즌이 막판에 접어들었다. 황희찬은 유럽 챔피언스 리그에서 눈부신 활약을 펴면서 엘링 홀란드, 미나미노 타쿠미와 함께 다른 구단에 자신의 존재를 분명하게 각인시키는 데는 일단 성공했다. 이 시즌 최종 기록은 리그 11골, 13도움으로 마무리되었다. 득점은 리그 11위, 도움은 2위에 올랐으며, 2019-20 시즌 리그에서 10득점-10도움 클럽에 가입한 유일한 선수로 등극했다.

시즌 전체 기록은 40경기, 16골, 21도움이다.

울버햄튼 원더러스 FC에서 겨울 이적 시장에 황희찬을 노리고 있다는 기사도 나왔다. 12월 27일 잘츠부르크 홈페이지에서 황희찬의 프로필이 내려가면서 정말 이적하느냐는 소문이 나돌았으나 홈페이지의 오류였음이 밝혀졌다.

축제의 성탄 크리스마스기 지난 뒤 12월 28일 독일 함부르크 지역 신문 모어겐포스트는 '황희찬이 350억 원의 이적료로 울버햄튼에 합류할 것'이라고 보도했다. 이는 울버햄튼 역대 이적료 2위에 해당되는 상당한 금액이다.

그러나 오스트리아 신문에서는 부정적인 기사를 실어 그의 이적 여부를 놓고 견해가 엇갈렸다. 마침 울버햄튼의 공격수 패트릭 쿠트로네가 울버햄튼을 떠나 피오렌티나로 임대를 떠났기에 황희찬의 울버햄튼 이적설은 계속해서 제기될 것이라는 전망이었다.

잘츠부르크가 "이적시키지 않겠다."라고 선언하면서 사실상 물 건너가고 말았다. 잘츠부르크가 이적 불가를 선언한 데에는 핵심 공격진이 둘이나 팀을 떠난 시점에서 황희찬까지 팀을 떠난다면 잘츠부르크는 리그 우승에 확실하게 다가갈 수 없고, 남은 유로파리그를 치르는 데도 큰 차질이 생길 수밖에 없다고 판단한 때문이다. 그만큼 팀에서의 그의 존재가 중요했다.

해가 바뀌고 겨울 훈련으로 몸을 다듬은 뒤 2021년 2월 21일 유로파 리그 1차전 프랑크푸르트 경기에서 선발로 출전했다. 풀타임을 소화하며 PK 득점까지 올렸지만, 팀은 프랑크푸르트의 카마다 다이치에게 해트트릭을 당하며 4 대 1로 어이없게 무너졌다. 이 경기를 기준으로 시즌 25경기, 10골, 15도움을 기록하여 기록으로 볼 때 경기마다 1개의 공격 포인트를 기록한 셈이다.

2시즌 1라운드 알타흐와의 경기에서는 교체 선수로 출발했다. 후반에 투입되어 후반 17분에 리그 7호 골을 뽑아내고, 후반 39분에 리그 8호 골을 넣으며 혼자서 두 골을 터뜨리는 멀티 골을 기록했다.

OFB컵 준결승 경기에서는 후반 5분에 선제골이자 결승 골을 넣으면서 1 대 0으로 승리하면서 결승 진출을 이끌었지만 왼쪽 허벅지 근육이 파열되는 부상으로 4주간 치료를 받아 그라운드에 나서지 못했다. 엎친데 겹친 격으로 코로나 바이러스 감염증까지 기승을 부리는 바람에 봄철 시즌이 중단되었다.

5월 30일 펼쳐진 OFB컵 결승에서는 라스테나우를 상대로 후반 19분 도움을 올리며 팀이 5 대 0으로 완승을 거두는 데 기여했다.

분데스리가에서 주목받아

봄철이 무르익어갈 무렵 라이프치히, 브라이튼, 에버튼, 토트넘 등 몇몇 팀에서 황희찬을 스카우트하겠다는 뉴스가 흘러나왔다. 이와 더불어 잘츠부르크는 거액의 이적료를 요구했다는 신문 보도까지 나왔으나 확인된 것은 없었다. 다만 이미 라이프치히와 계약에 합의했다는 보도가 나오면서 이제는 오피셜만 남은 상황이 되었다.

2020년 7월 8일, RB 라이프치히 구단이 공식 홈페이지를 통해 5

년 계약으로 이적이 성사됐다고 발표했다. 등 번호는 이전까지 티모 베르너가 달았던 11번을 그대로 물려받았다. 독일의 유력 스포츠 잡지 〈키커〉는 "순수 이적료는 900만 유로(약 120억 원), 옵션이 발동되면 1,400만 유로(약 188억 원)"라고 보도했다.

인스타그램에 황희찬의 이적을 발표하자 다요 우파메카노가 환영하는 댓글을 남겼다. 황의조, 이승우 선수를 포함한 여러 명이 축하의 메시지를 남겼다. 분데스리가 이적생 베스트 11에 뽑혀 한국에서뿐만이 아니라 유럽에서도 주목받는 선수로 인정을 받았다.

황희찬은 잘츠부르크에서 라이프치히로 가는 17번째 선수이자, 한국인으로는 18번째로 분데스리가에서 활약하는 선수로 이름을 올렸다.

율리안 나겔스만 감독은 "DFB-포칼 1라운드 뉘른베르크 원정 경기에 황희찬을 선발로 기용하겠다."라고 밝혔다. 이 경기는 그가 2020-21 시즌 첫 선발 출전하는 데뷔전이다. 황희찬은 공식 데뷔전인 DFB-포칼 1차전 뉘른베르크 경기에서 1골, 1도움을 기록했고, 팀은 3 대 0으로 대승을 거둬 2라운드에 올랐다.

특유의 역동적인 컷백 모션으로 포울센의 골을 어시스트했고, 그

뒤 포르스베리의 슛이 맞고 나온 공을 포울센이 과감히 뛰어들어 황희찬에게 넘기는 어시스트를 날렸다. 이날 라이프치히가 3-4-2-1 전형으로 나서면서 전반에는 황희찬이 어려움을 겪었으나, 후반 투톱으로 바뀌자 그의 경기력이 살아나는 모습을 보였다.

20-21 시즌 분데스리가 개막전 마인츠와의 경기에서는 다니 올모와 교체되어 분데스리가에 데뷔했다. 20분 정도를 뛰면서 드리블을 세 차례 하면서 만족한 경기력을 보여 주었다. 그는 팀에서 드리블 성공 1위 선수가 되었다.

챔피언스 리그 2차전 레버쿠젠 경기에서는 후반 1분에 출전해 45분 정도 뛰었다. 훌륭한 드리블과 패스, 트레이드 마크인 접기를 처음으로 리그에서 발휘하면서 좋은 모습을 보여 주었다. 하지만 볼을 넣을 수 있는 프리킥 상황에서 완벽한 득점 기회를 날려버리는 실축을 해 아쉬움을 남겼다. 후반 막판에서는 피지컬이 좋은 센터백 요나탄 타와 부딪히며 고통을 호소하는 아픔을 겪었다.

샬케와의 3차전에는 레버쿠젠 경기 때의 충돌로 당한 엉덩이 쪽 부상으로 경기에 출전하지 못했다. 아우크스부르크 경기에서는 선발 출장이 미뤄졌으나, 후반 33분 다니 올모와 교체 투입되어 활기찬 플레이를 펼쳤다. 하지만 챔피언스 리그 1차전 바샥셰히르와의 경기에서 후반 시작과 함께 교체로 나섰으나 45분 동안 슈팅 타이밍이 맞지 않아 난조를 드러냈고, 패스도 여러 차례 실수하면서 최악의 경기력을 보여 주었다.

　챔피언스 리그 이후 펼쳐진 헤르타 베를린과의 리그 경기에서는 결장했다. 사실상 주전 경쟁에서 완전히 밀린 듯했다. 헤르타 베를린 전에서 황희찬보다 늦게 합류한 쇠를로트나 저스틴 클루이베르트가 먼저 선발 출전을 했다. 아주 힘든 경쟁 체제로 들어간 모양새가 되었다.

　이적 당시 예측했던 것보다 인내심을 가지고 지켜봐야 할 처지였다. 바삭세히르와의 경기 이후 나겔스만 감독은 언론 인터뷰에서 "쇠를로트와 황희찬은 후퇴하는 능력이 필요하다."라고 말했다.

　챔피언스 리그 2차전 맨체스터 유나이티드와의 경기에서 교체 명단에 포함되었으나 결장했다. 팀은 5 대 0으로 처참하게 패배했다. 3차전 파리 생제르맹 경기에서는 2 대 1로 승리했지만 그는 결장했다. 4차전 파리 생제르맹 경기에도 결장했고 팀은 1 대 0으로 패배했다.

11월 A매치 기간 코로나19 확진 판정을 받아 격리 치료를 받았다 12월이 돼야 팀 훈련에 복귀할 수 있다는 진단이 나왔다. 나겔스만 감독은 브레맨 경기를 하루 앞두고 기자회견을 통해 "황희찬이 강한 코로나 후유증으로 인해서 더 이상 올해 경기는 뛸 수 없을 것이며, 내년에야 돌아올 수 있을 것"이라고 말했다. 팀에 적응하기 힘들어하는 와중에 코로나 후유증까지 겹치는 불운이었다.

그런 와중에 엎친 데 덮친 격으로 1월 이적 시장에서 레드불 잘츠부르크 시절 동료이기도 했던 2선 자원 도미니크 소보슬러이의 합류까지 확실해지면서 더욱 험난한 주전 경쟁을 맞게 되었다. 그런 가운데 마인츠 2005 임대설이 나왔다. 만약 사실이라면 정말 완벽한 기회가 될 수도 있다는 생각이 들었다. 마인츠에 가서 출전 시간을 무조건 보장받는다는 장담은 못 하지만 어느 정도 주전 경쟁이 라이프치히에 비해 쉬운 것도 사실이다.

마인츠 입장에서는 공격진을 보강하고 라이프치히 입장에도 어린 선수를 임대 보내면서 경험치를 먹이고 한국 팬들 입장에도 전보다 더 자주 볼 수 있는 가능성이 커졌으며 무엇보다 선수 본인이 가장 이득이다.

하지만 마인츠의 재정적 문제로 임대할 가능성이 좀 낮아진 가운데 웨스트 햄 유나이티드가 황희찬에게 관심을 가지고 있다는 빌트의 보도가 나왔다. 그때 웨스트 햄은 후보 공격수였던 세바스티앵 알레의 이적으로 인해 부상이 잦은 주전 공격수인 미카일 안토니오 혼자 남은 상황이라 최악의 상태였다.

다만 문제가 되는 건 현재 웨스트 햄의 전술과 황희찬이 맞지 않는다는 점이다. 웨스트 햄의 데이비드 모예스 감독은 현재 주로 원톱 전술을 쓰며 크로스 위주의 플레이를 보여 주고 있다. 황희찬은 기본적으로 제공권이나 헤더보다는 드리블과 침투에 더 강한 선수이고, 연계가 좋아지긴 했지만 수비 가담 등에는 약점이 있기 때문에 원톱을 맡기기에는 부적절하고 투톱에서 더 힘을 발휘한다. 때문에 원톱을 쓰는 현 웨스트 햄의 전술과는 맞지 않을 가능성이 높다는 분석이다.

이후 스카이스포츠의 보도에 따르면 모예스 감독의 최종 결정만 남았다고 한다. 하지만 나겔스만 감독은 레버쿠젠 경기를 앞두고 가진 프리뷰 기자회견에서 "황희찬은 열심히 노력하고 있으나 코로나19 감염으로 2주간 훈련에 불참하였기 때문에 라이프치히에서 호흡을 맞출 시간이 부족했다. 그래서 지금으로서는 결정하기가 힘들다."라고 밝히고, 스트라이커 자원이 부족하다는 점을 들어 공개적으로 임대를 반대하는 입장을 밝혔다.

그의 말은 구단의 방침을 정면으로 거스르는 것으로, 이후 황희찬이 계속 벤치에만 앉아 구단이 투자한 돈에 비해 손해를 보게 된다면 그 책임을 나겔스만 본인도 확실하게 져야 한다는 의미이기도 하다.

레버쿠젠 경가에서도 이전처럼 엔트리에 포함되었고, 서브로 출발했으나 결장했다. 팀은 1 대 0으로 승리했다. 이적 시장이 닫히자 에버튼 FC와 풀럼 FC가 마지막 날까지 황희찬의 임대 계약 협상을 하고 있었으나 나겔스만 감독의 강력한 반대로 결국 무산됐다는 사실이 드러났다. 황희찬 또한 나겔스만 감독과의 긴 회담 끝에 잔류하기로 결정했다.

그를 임대를 안 보내는 이유는 나겔스만의 전술에서 황희찬 같은 롤을 수행해 줄 선수가 없다는 것이었다. 나겔스만의 전술에는 티모 베르너와 같이 침투형 공격수가 필요한데, 이 역할을 황희찬이 계속 맡아 온 것이다. 공격수로 기용되고 있는 알렉산데르 쇠를로트와 유수프 포울센이 득점력이 좋지 않기 때문에 톱 역할과 윙어 역할을 고루 수행할 수 있는 황희찬의 역할이 필요하기 때문이다. 황희찬 같은 침투형 공격수는 후반에 조커 기용으로도 활약을 기대할 수 있기 때문에 나겔스만은 그의 이적을 반대하였다. 이런 설득에 황희찬 선수는 감독의 설득을 수긍했고 팀에 잔류를 결정한 것이다.

'황소' 별명에 충실한 선수

황희찬은 스스로 고백했다.

"나에게 '황소'라는 별명이 어디서부터 붙었는지 모르겠다. 플레이 스타일 때문일 수도 있을 것이다. 나는 공격적인 플레이를 하고 상대 수비수들을 돌파하려고 펄펄 뛰어다닌다. 경기를 마친 뒤 녹화된 나의 경기 모습을 되돌아보면 황소처럼 플레이하는 것을 보고 나도 놀라곤 한다. 팬들도 그런 경기를 원하고 황소 같은 모습에 환호한다는 말을 듣는다. 그래서 더욱 분발하려고 노력한다."

그는 스스로 노력하는 선수이다.

"처음 축구를 배울 때는 수비 가담을 할 필요 없이 공격수 역할만 잘하면 문제가 없다고 여겼다. 그런 생각으로 열심히 축구를 익혔다. 그러나 유럽에 와 보니 그게 아니었다. 그라운드에서 뛰려다 보니 수비 가담 능력이 약점이 되었고, 그 때문에 잘츠부르크 초기에 자주 출장하지 못했던 이유 중의 하나였다고 생각한다. 나중에는 그걸 극복하면서 수비와 공격의 조화를 이루려는 무척 노력했다. 수비 가담을 나의 장점으로 만들었다."

실제로 사우스햄튼 FC 경기에서 리그 첫 선발 데뷔전을 치렀는데 대부분의 시간을 왼쪽 윙에서 소화했고, 수비 압박과 공격 연계에서 괜찮은 활약을 남겼다. 팀이 1 대 0으로 앞선 상황에서 라울 히메네스와 자리를 바꾸어 최전방 공격수로도 뛰었다. 가끔씩 폭발적인 드리블로 상대 수비를 압박하는 등 괜찮은 활약을 펼쳤고, 팀이 1 대 0으로 앞선 상황에서 87분 수비력 강화 차원으로 후벵 네베스와 교체되기도 했다.

라이프치히 입단 이후에도 컨디션이 좋았었는데 왜 경기에 많이 나서지 못했는지 궁금하다. 경기장에 들어가면 10~15분씩 뛰는 것이 전부여서 많이 우울했다고 밝혔다. 그때의 심정을 털어놓았다.

"경기 준비도 잘하고 있었는데 팀에서는 내가 코로나19에 걸렸기 때문에 출전시킬 수가 없다고 했다. 팀은 계속 비슷한 핑계를 댔다. 나는 선수로서 할 수 있는 일이 없었던 것 같다는 생각이 들었다."

카라바오 컵 32강 토트넘 홋스퍼 경기에 선발로 출전했다. 후반전에 좋은 압박으로 탕기 은돔벨레의 공을 가로채서 덴동커에게 건네주었는데 그 모습이 명장면이었다. 공이 덴동커와 포덴스로 이어져 2 대 2 동점 골이 터졌던 것이다. 경기 내내 좋은 활약을 펼쳤을 뿐만 아니라 동점을 만드는 역할까지 톡톡히 해냈다.

이런 활약을 바탕으로 승부차기에서도 1번 키커로 나와 킥을 성공했지만 3~5번 키커인 네베스, 덴동커르, 코디가 연달아 실축하는 바람에 16강 진출에 실패했다. 경기가 끝난 뒤 국가대표팀에서 함께 뛰었던 선배 손흥민과 유니폼을 교환하는 훈훈한 모습을 보여주기도 했다.

후스코어드닷컴은 경기 뒤 황희찬에게 울버햄프턴 선수 가운데 높은 평점 7.4점을 주었고, 영국 BBC는 그에게 평점 7.07점을, 스카이스포츠는 평점 6점을 매겼다.

에버튼 FC와의 경기에서는 선발로 출전해 놀라운 활약을 펼쳤다. 경기 초반 선제골 득점에 성공했지만 정말 간발의 차로 오프사이드에 걸리면서 취소되는 일이 있었다. 그 뒤로도 지속적인 드리블 돌파와 침투 등 인상적인 활약을 펼치긴 했으나 결정적인 부분에서의 세밀함이 떨어졌다는 평가를 받았다.

'통영 괴물' 김민재 스토리

제8장

'통영 괴물' 김민재 스토리

스포츠 선수 집안의 아들

김민재 집안은 정말 특이하게도 가족 모두가 체육인이다. 아버지는 유도 선수, 어머니는 육상 선수 출신이며, 형은 명지대학교 축구부 골키퍼로 활약 중이다. 그가 축구를 시작한 동기는 "초등학교 때 공부보다는 축구가 더 좋아서"였다. 그 시절에는 공격수로 뛰었다. 프로 팀에 입단하기 전까지의 포지션도 지금처럼 센터백이 아니었다.

그가 유럽 무대에서 월드 스타로 눈부신 활약을 보이자 "카테나치오 수비의 나라에 '통영 괴물' 김민재가 떴다."라는 신문기사가 나왔다. 명실상부한 아시아 최고 수비수가 이탈리아에 등장했다는 말이다. '카테나치오'는 철벽 수비의 '빗장'이라는 이탈리아 말이다.

그의 고향 경남 통영시는 인구 12만 4,000여 명이 거주하는 남해안의 작은 도시이다. 하지만 통영은 역사적으로나 지리적으로 아주 중요한 곳이었다. '통영'이라는 이름은 조선 시대 수군 본부인

'삼도수군통제영'을 줄인 말로, 옛날부터 현대까지 남해 바다를 지키는 중요한 군사적 요충지 역할을 하고 있다.

그뿐만 아니라 수많은 섬과 곶, 만이 만들어 내는 풍경은 그야말로 한려수도 절경이다. 지금은 고인이 된 소설가 박경리의 명작 《김약국의 딸들》에서 통영을 가리켜 '조선의 나폴리'라고 표현한 것도 이런 이유에서다.

통영은 한국 축구사에서도 굵직한 흔적을 남긴 곳이다. 이 작은 도시에서 김호, 김호곤, 김종부, 김도훈 등 한국 축구를 대표하는 거물들이 쏟아져 배출되었기 때문이다. 여기에 더하여 그들의 뒤를 잇는 '괴물 수비수' 김민재가 지금 또 다른 축구 역사를 써내려가고 있다.

그의 '괴물' 본능은 챔피언스 리그 토너먼트 무대에서 빛났다. 그는 '파트너와 위치가 바뀌어도 특급 선수 괴물'로 불린다. 아약스를 4 대 2로 격파하며 4연승을 질주할 때의 일화이다. 4연승 승점 12점을 기록하며 승점 3점으로 3위에 머물고 있는 아약스와의 격차를 승점 9점 차로 벌려 놓았다.

그 경기에서 그에게 한 가지 변화가 생겼다. 중앙 수비 파트너 아미라 라흐마니가 부상으로 빠졌다는 것이 변화였다. 새로운 파트너 주앙 제주스와 호흡을 맞췄다. 평소와 달리 중앙 수비의 오른쪽을 맡아 뛰었다. 조금은 어색한 모습이었다. 전반 몇 차례 패스 미스도 나왔다. 다행히 아약스의 골 결정력 부족으로 실점 위기는 넘겼다. 후반부터는 다시 '괴물'의 본성과 기질이 발동하면서 제 페이스를 찾았다.

김민재는 후반 29분 그림 같은 롱패스를 통쾌하게 날렸다. 나폴리 페널티 박스 안에서 날린 롱패스는 50m가량 날아 오시멘의 머리로 향했다. 그러나 김민재-오시멘을 거쳐 이어진 로사노의 슈팅이 골키퍼 선방에 걸렸다. '괴물'로서는 아쉬운 경기였다

그가 활동하는 축구의 메카 나폴리도 통영처럼 바닷가 도시이다. 이탈리아 캄파니아의 주도(州都)이자 남이탈리아의 중심 도시로, 로마와 밀라노에 이은 이탈리아 제3의 도시이다.

이탈리아 통일 전까지 1,000년 가까이 북이탈리아와는 판이한 역사를 이어온 남이탈리아의 정치적 중심지였다. 지중해에 닿아 있는 항구 도시로 영어로는 네이플스 또는 네이플이라고 부른다. 두

개의 높은 봉우리를 자랑하는 베수비오 화산이 우뚝 솟아 있다. 이 산은 폼페이를 멸망시킨 화산이다. 기원후 79년 8월 24일 베수비오 화산이 폭발한 날, "북풍이 아닌 동풍이 불었다면 폼페이 대신 나폴리가 멸망했을 것"이라는 말이 전설처럼 내려온다.

세리에 A(1부 리그)는 잉글랜드 프리미어 리그(EPL), 스페인 프리메라리가(이하 라리가)와 함께 유럽 3대 리그로 꼽힌다. 그런데 EPL이나 라리가와는 달리 국내 팬들의 관심도가 별로 높지는 않다. 그동안 세리에 A에서 뛰는 한국 선수들의 수가 아주 적었기 때문이다. 김민재는 안정환, 이승우에 이어 세리에 A에 입성한 역대 3번째 한국 선수이지만, 수비수로는 최초이다.

그는 초등학교 시절부터 '될성부른 나무'라는 소리를 들었다. 유도 선수 출신인 아버지와 육상 선수 출신인 어머니로부터 운동선수의 DNA를 물려받았는지, 초등학교 때부터 남다른 축구 실력으로 주목을 끌었다.

김민재의 부모는 통영시 중앙동에서 테이블 6개짜리 작은 횟집을 운영하면서 김민재를 뒷바라지했지만 넉넉하지 못한 가정 형편에 모자라는 게 너무 많았다. 김민재는 늘 선배들의 축구화를 물려받으며 축구 꿈나무로 무럭무럭 자랐다. 그는 단 한 번도 아쉽다는 얘기를 한 적이 없었다. 역시 '효자' 소리가 그냥 지나가는 말이 아니었다.

수원공고 시절 김민재는 고교 최고의 수비수로 이름을 날렸다. 3학년이었던 2014년 후반기 전국고교축구 왕중왕전에서 수원공고를 우승으로 이끌면서 최우수 수비수의 영광을 차지했다.

2015년 연세대학교에 진학하자마자 주축 수비수로 활약한 그의 앞에는 꽃길만 펼쳐질 것처럼 보였다. 그러나 2학년 때 조기 프로 진출 여부를 놓고 학교와 마찰을 빚었고, 끝내 중퇴라는 강수를 두며 상아탑 밖으로 뛰쳐나왔다.

시즌 도중에는 신인 계약으로 K리그에 뛸 수 없다는 규정 때문에 반년 가까운 시즌을 쉬게 되자, 뛸 수 있는 팀을 찾아 나섰다. 결국 당시 내셔널 리그 소속의 경주 한수원에 들어갔다. 시즌 후에는 자신에게 꾸준히 관심을 보여 왔던 K리그 명가 전북 현대에 입단하며 축구 기량과 묘기를 활짝 꽃피워 내기 시작했다.

그 뒤에 중국 슈퍼 리그의 베이징 궈안을 거쳐 터키의 튀르키예 쉬페르 리그의 페네르바체로 이적해 유럽 무대에 발을 들여놓았다. 김민재는 한 시즌 만에 세계 최고 리그 중 하나로 꼽히는 세리에 A에 입성하며 전 세계 축구 무대에 자신의 이름 '김민재' 세 글자를 널리 알렸다.

김민재가 나폴리로 들어간 일은 많은 것을 의미한다. 이탈리아 세리에 A는 수비가 강하기로 둘째가라면 서러울 정도의 리그이다. 이탈리아의 철벽 수비를 뜻하는 '카테나치오'(빗장)도 이런 리그 특성이 기반이 된 것이다. 수비수에 엄격할 수밖에 없는 리그, 정상급의 팀 나폴리가 김민재에게 큰 관심을 갖는 것에 대해 남다른 의미를 부여할 수밖에 없다는 말이 회자된다.

나폴리는 경제적으로 부유함을 누리는 이탈리아 북부와는 달리

남부의 가난한 지역이지만, 자존심 높기로 유명한 곳이다. 나폴리 세리에 A는 AC 밀란, 인터 밀란, 유벤투스 같은 강팀을 꺾고 무수한 우승 트로피를 들어 올렸던 전통이 남아 있다. '한국의 나폴리'에서 나고 자란 소년이 이제 진짜 나폴리에서 축구 인생의 새로운 장을 열고 웅비의 날개를 펄럭거리며 힘찬 도전에 나선 것이다.

2020년 5월 3일에 업로드된 박문성 해설위원 유튜브 채널 영상에 김민재가 출연하여 "2020년 5월 2일 결혼했다."라는 사실을 밝혔다. 그는 "아내는 나보다 축구를 더 좋아한다. 연애보다 축구에 더 열광했다."라고 말했다. 2021년 첫딸을 낳았다.

개인 교습 통해 단점 보완

프로 초기에는 피지컬로 밀어붙이는 투박한 수비를 주로 했다. 그로 인해 오프사이드 라인을 잘 맞추지 못하는 바람에 실수가 빈번하게 발생하면서 라인 관리 능력이 미숙하다는 지적을 자주 받았다. 실수가 많았다는 말이다.

김민재를 눈여겨본 파울루 벤투 국가대표 감독이 정규 훈련 외에 개인 교습에 나섰다. 그 결과로 많이 개선되었다. 전보다는 라인을 잘 맞추고 무작정 뛰쳐나가는 일이 줄었지만, 그래도 체력이 떨어지면 패스 미스가 많아지고, 경기에 따라 패스에서 생각하지 못한 작은 실수를 저지르는 단점은 아직도 남아 있다.

기본적인 활동 범위가 넓어지고 공격과 수비의 라인을 적절하게 지키면서 경기의 흐름을 이끌어가는 안목이 트였다. 그런데도 옆에서 적절하게 조율하고 공격 전개를 해줄 수비 능력과 미드필더와의 역할 분배가 적절하게 이루어지도록 조절하는 특별 교습을 꾸준히 익혀 나갔다. 김민재는 통쾌한 롱 패스를 잘 날려 탄성이 터져 나오는 경우가 가끔 있지만, 세밀한 패스나 패스 선택지를 선정하는 과정 등에서는 고쳐야 할 점이 있었다. 팀에서는 경험이 많은 선수들이라 해도 수비의 약점이 여전해서 이를 조절하거나 고치는 일이 더 필요했다. 김민재 역시도 그랬다.

그는 경기 중에 기회가 생기면 수비 라인에서 직접 드리블을 하며 치고 달려가 중앙선까지 넘어가서 패스를 뿌려 주는 오버래핑을 자주 시도하는데, 그럴 때마다 커다란 체구에 속도도 빠르고 발동작도 준수한 데다가 패스 성공률도 높기 때문에 상대하는 입장에서는 상당히 부담스러웠다.

그런 플레이는 팀의 입장에서는 침체된 경기에 활력을 불어넣어 주는 좋은 요소다. 잘못 맞들이면 과거 다비드 루이스처럼 집 나가서 안 돌아와 자주 실점하게 되는 경우가 생길 수도 있지만, 아직은 그런 수준은 아니다. 오히려 답답한 상황에서 적절하게 공격에 가담하다가 수비로 몰리면 재빠르게 복귀해서 자리를 지키는 능력이 탁월하다. 큰 경기에 유연하게 대처하면서 공격과 수비의 흐름을 끌어가는 모습을 자주 보여 주면서 역시 '괴물'이라는 찬사가 쏟아졌다.

페네르바흐체 이적 후에는 지금까지 보여 주던 드리블을 통한 오버래핑과 정확한 롱 패스로 공을 공격진에게 배달하고, 웬만한 윙어보다 빠른 속도로 복귀를 하거나 공을 가진 선수를 뒤에서 따라 잡아서 커팅을 해내는 것은 물론, 기본적인 수비력마저 뛰어나서 사실상 전천후 센터백의 모습을 보여 주었다.

그런 경기 능력으로 팀의 핵심 선수가 되면서 반응이 굉장히 좋고 팬들에게도 큰 사랑을 받는 기폭제가 되었다. 튀르키예에서 한 시즌만을 보냈음에도 주간 베스트 수비수에 여러 번 선정될 정도로 최고의 활약을 펼쳤다. 유럽 빅리그에서도 김민재에 대한 관심이 폭발하면서 스타드 렌 FC, SSC 나폴리 등에서 치열한 영입 대상으로 떠올랐다. 그 밖에 PL에서도 여러 팀이 관심이 있다는 소식이 흘러나오면서 몸값이 크게 상승했다.

김민재는 SSC 나폴리로 이적하여, 팀을 떠난 레전드 수비수 칼리두 쿨리발리의 역할을 그대로 이어받았다. 쿨리발리의 빈자리를 채우는 것은 매우 부담이 될 수 있는 상황이었으나, 프리 시즌과 리그 초반에 좋은 모습을 보여 주었다. 리그 초반부터 좋은 활약을 보인 그는 곧바로 이달의 선수상까지 받으면서, 쿨리발리의 빈자리를 성공적으로 꽉 채우는 기량을 발휘했다.

그의 경기 모습에 이탈리아 현지 언론들은 "김민재는 쿨리발리보다 키엘리니에 더 가깝다."라는 평가를 했다. 풋볼리스트에서도 쿨리발리가 깔끔한 태클에 우아한 드리블을 펼치는 데 비해, 키엘리니는 어깨를 이용한 몸싸움 수비에 능하며 기세 좋게 밀고 올라가는 드리블을 사용하는 경우가 많았는데, 김민재의 경기 스타일이 바로 키엘리나를 닮았다는 것이다.

전천후 플레이 스타일

김민재의 플레이 스타일은 매우 특이하다. 초기에는 전형적인 파이터형 수비수로 커팅 능력과 슬라이딩 태클 능력이 뛰어나고 돋보였다. 그러나 점차 성장하면서 공격적으로 돌파하거나 뒤쪽에서 기다리면서 커버하는 수비수의 역할을 수행했다. 팀과 전술에 맞춰 변화하는 모습을 보여 주었다. 대부분 감독의 주문을 많이 받다 그대로 따랐지만, 그 과정에서 자기가 해야 할 역할과 하고 싶은 플레이를 즐겼다.

수비수 본연의 임무에서 우수한 모습을 보여 주었다. 패스 차단, 스탠딩 태클, 슬라이딩 태클, 헤딩을 비롯한 수비수라면 갖춰야 하는 필수적은 능력들, 직접적인 수비 모두에 뛰어난 선수였다. 키 190cm, 체중 88kg의 육중한 체격에 비해 순간 속도 최고 34.3km로 굉장히 빠르고 최고 시속에 도달하는 가속도도 엄청 빠르다. 그뿐만 아니라 순발력도 매우 좋다.

프로 데뷔 이후 체중 감량에 힘써 2kg 정도 줄이기도 했다. 튼튼한 어깨와 어깨뼈, 상체 근육과 함께 축구 선수로서의 전반적인 체격 조건을 갖추었다. 몸싸움 능력도 매우 좋은 선수로 꼽힌다.

그는 2020년 이후로 접어들면서 피지컬이 좋은 선수들과의 경합에서도 쉽게 밀리지 않았다. 피지컬(Physical)은 본래 가지고 있는 몸의 세부 요건을 일컫는 말이다. 좀 더 넓은 의미에서 말한다면 신체의 능력, 곧 운동 능력을 뜻하기도 한다.

SSC 나폴리로 이적한 뒤에 안드레아 페타냐, 치로 임모빌레, 세르게이 밀린코비치사비치 등 건장한 체격을 가진 선수들을 말 그대로 찍어 눌러 버리는 등 놀라운 피지컬을 보였다.

거기다가 주특기인 오른발을 사용하면서도 왼발 또한 수준급으로 잘 활용하여 수비와 공격 어느 곳에서나 큰 몫을 충실하게 수행했다. 중앙은 물론 양 측면 스토퍼 모두를 뛸 수 있는 전천후 선수이다. 오늘날 축구에서는 왼발 센터백이 어떤 대우를 받는지를 생각하면 오른발잡이지만 양쪽 센터백 위치를 모두 소화할 수 있는 김민재의 특징은 좋은 강점이 아닐 수 없다. 모든 조건을 갖춘 최고급의 선수라는 말이다.

최대 강점으로 적극성을 앞세운 수비수이지만, 그것이 김민재의 능력 전부를 일컫는 잣대는 아니다. 필요할 때에는 넓은 시야를 활용한 긴 패스와 주저하지 않는 공격력, 모험적인 패스력도 그라운드에서는 일품으로 꼽힌다.

과감하게 파고드는 기습적인 공격력, 공을 몰고 전진하는 놀라운 속도, 공이 끊기면 스피드를 활용해 빠르게 수비에 복귀해 공격을 끊어내는 차단력도 엄청나서 '괴물'이라는 별명이 더욱 돋보인다는 말을 듣는다.

김민재는 흥미로운 선수

루치아노 스팔레티 SSC 나폴리 감독은 "김민재는 흥미로운 선수"라고 평가했다. 공격적이고 센터백을 전진시키는 전술을 쓰는 스팔레티 감독은 "피지컬이 좋고 빠른 센터백이 필요한데, 김민재가 이에 알맞은 선수이다. 칼리두 쿨리발리가 그랬던 것처럼 김민재도 이탈리아로 왔으면 좋겠다."라고 밝혔다.

김민재는 중국 슈퍼 리그에서 뛰고 있을 때 스카우트 제의를 받고 페네르바체 유니폼을 입었다. 그때 페네르바체는 성적이 저조하면서 흔들리고 있었다. 그런 시절에 조용히 팀에 도착한 것이다. 한 시즌이 지나면서 몸값은 기존 이적료인 300만 유로보다 3배나 비싸졌다. 복잡했던 지난 시즌과 팀의 UEFA 유로파 리그 탈락에도 불구하고 그의 활약에 불을 붙였기 때문이다.

그는 매우 특이한 선수로 지목을 받았다. 큰 키와 육중한 몸무게에도 불구하고 사자처럼 무서운 돌파력에 드리블 속도가 매우 빠르다. 쿨리발리가 유럽 최고 레벨의 수비수로 이름을 떨치고 있었는데, 그를 대체할 마땅한 선수가 필요했던 때였다. SSC 나폴리가 그를 쿨리발리의 대체자로 영입한 것이다.

김민재는 뛰어난 잠재력을 가진 선수임에도 이적료가 상대적으로 낮았다. 그는 지난 시즌 40경기를 뛰었고 그가 소화한 경기들은 하나같이 어려운 경기들이었다. 하지만 그는 여러 경기를 훌륭하게 치러냈다.

'쿨리발리와 비슷한 특징'을 가졌다고 평가받은 김민재는 공격에 가담하기 전에 어떻게 할지 생각을 먼저 하고 그라운드로 들어갔다. 그런 태도로 좋은 경기를 펼친 탓에 빠르게 주목받는 선수가 되었다. 그는 "이제 튀르키예를 떠날 때가 되었다."라고 생각하고 서서히 준비하면서 기회를 엿보았다. 페네르바체에 머무는 동안 어떠한 심각한 실수도 한 일이 없다.

그때 이탈리아의 튀르키예 축구 전문가 브루노 보타로는 "나는 김민재를 안다. 그라운드에서 그를 상대해 봤다. 나는 나폴리가 즉시 김민재를 영입해야 한다고 생각한다. 만일 나폴리가 이 사자와 같은 선수를 영입하고 싶다면, 이는 올바른 결정이다. 지금 나폴리에 필요한 것은 결단력과 승리를 향한 굶주림이다. 김민재는 이를 갖춘 선수다."라고 말해 관심을 끌었다.

나폴리는 한마디로 축구에 미친 도시다. 홈구장 디에고 아르만도 마라도나는 5만 4,700여 명을 수용하는 축구장이다. 여기서 축구 경기가 펼쳐질 때는 상대 팀이 어느 팀이건 간에 언제나 관람석은 빈자리가 없다. 장내 아나운서 다니엘레 벨리니가 선수들의 이름을 호명할 때마다 홈구장의 팬들이 따라 부르며 열광한다. 그런 모습은 늘 화제가 될 정도이다. 김민재의 이름도 이 축구장에 울려 퍼졌다. 나폴리는 정말 강한데 열정도 엄청나다. 김민재는 라치오나 유벤투스 이적설이 있었던 선수이기 때문에 이탈리아 축구 팬들에게 익숙한 이름이다.

알베르토 몬디는 본인이 진행하는 유튜브 채널에서 "내가 중국 리그에서 감독을 해봐서 김민재를 안다. 내가 맡은 광저우 FC팀에도 대한민국 국적의 박지수가 있었기 때문에 김민재에 대해 자주 들었다. 그는 발이 빠르고 신체 조건도 뛰어나다. 어떻게 보면 현역 시절의 나와 닮은 점도 있다. 김민재도 다른 대한민국 국적 선수들처럼 체계적으로 잘 훈련되어 있다."라며 칭찬을 아끼지 않았다. 사실 김민재는 흐비차 크바라츠헬리아와 함께 '축구 천재'라는 소리를 들었다.

김민재는 2022-23 시즌에서 레오 외스티고르, 마티아스 올리베라 등 새로운 선수들과 호흡을 맞추면서 공중 경합을 장악하고 팀을 승리로 이끄는 명수로 떠올랐다. 단순히 도약 높이를 더해 주는 것뿐만 아니라 머리로 공을 정말 잘 따낸다.

나폴리는 어떤 팀과 경기하더라도 두려워하지 않는다. 나폴리 선수들은 다양한 방법으로 공격하면서 자신의 정체성을 보여 주겠다며 펄펄 날아다닌다. 선수들은 모두가 정말 훌륭하고 유연함을 갖추고 있다. 쿨리발리가 떠난 뒤로 나폴리의 수비는 많이 달라졌지만, 나폴리는 쿨리발리 수준에 도달할 수 있는 유일한 대체 선수로 코리아 특급 김민재를 영입했다.

김민재 스스로는 쿨리발리를 대체할 수 있을 거라고 생각해 본 일이 없다. 그가 나온 첫 경기를 보고 "젠장! 나폴리가 또 한 건 해냈구나!" 하고 여겼을 뿐이다. 그러나 김민재는 인상 깊은 이미지를 나폴리 사람들에게 심어주는 데 성공했다. 나폴리에 와서 많은 발전을 했고 앞으로도 그럴 것이다. 그는 좋은 체력을 가지고 있고, 발빠른 속도력과 공중 제압, 놀라는 드리블로 그라운드를 휘저으면서 일대일 수비까지 거뜬하게 소화한다. 이런 일은 정말 드문 일이다.

능동적 경기를 펴는 월드 스타

김민재는 "한 차원 높은 축구를 하는 선수"라는 말을 듣는다. 그는 공이 넘어오는 순간, 눈을 크게 뜨고 상대 팀 공격수를 관찰한다. 상대의 오프더볼 움직임을 보면서 재빠르게 예측한다. 공이 날아와서 공격수의 가슴에 닿기 전에 김민재가 번개처럼 달려들어 공을 잡아낸다.

날아오는 공을 살피는 동시에 상대 팀 선수를 보는 눈은 그야말로 전광석화처럼 빠르게 움직인다. 이것이 바로 담력이고 경합에서 모두 이길 수 있는 장점이자 그의 주특기이다. 이런 공수 습관이 김민재를 월드 스타로 떠올린 이유이다.

공격수로 달리다가 막히면 바로 수비로 전환하여 다시 공격으로 이어가는 능동적인 플레이가 가능하기 때문에, 지금이 전성기이지만 앞으로도 더 발전할 여지가 많다고 평가를 받는다.

김민재가 이탈리아 무대에 오자마자 이 정도로 파괴적인 영향력을 보여 줄 것이라고 예상한 사람은 많지 않았다. 나폴리가 그런 예상을 한방에 깨부수는 일을 해냈다. 그를 영입함으로써 더 강해진 나폴리를 볼 수 있어 좋다는 반응이다. 스팔레티 감독이나 선수들 모두가 하나같이 "김민재가 오면서 팀의 활력이 살아났다. 공백이 전혀 느껴지지 않을 정도로 잘 뛰고 있다."라고 말한다.

그의 인기를 실감한 구단은 2021년 1월 새해가 밝자마자 푸르메재단 홍보대사로 위촉했다. 이에 보답하듯이 장애 어린이의 재활과 장애 청년의 자립에 힘을 보태기로 하고 기부금 5천만 원을 쾌척했다. 2022년 5월에도 5천만 원을 추가 기부하며 총 1억 원을 쾌척하면서 푸르메재단 고액 기부자 모임 '더미라클스'의 35번째 회원이 되었다.

한때 SNS를 매우 활발히 했다. 안 끼는 곳이 없다 싶을 정도로 다른 선수들 글에 댓글도 열심히 남기는 편이었고, 상당히 재치 있는 글도 많이 올렸다. 그런 이유로 시비에 휘말리는 일도 잦았다. 크게 문제가 된 일은 없었지만 이런저런 잡음으로 많이 시달렸다. 그래서 지금은 예전처럼 하지 않고 많이 자제한다.

김민재가 중국 취안젠 팀으로 간다는 말이 떠돌 때 "중국 진출 절대 반대"라는 소리가 높았다. 그런 와중에서 "유망주를 중국으로 보낼 셈이냐?'라며 당시 최강희 감독을 비난하는 소리까지 나돌았다. 그러나 취안젠이 해체되고 최강희 감독도 물러나면서 김민재의 중국 진출은 흐지부지되고 말았다.

그 뒤 베이징 궈안 팀 선수로 뛸 때, 같은 동료였던 헤나투 아우구스투에게 수비하는 방법을 보면서 많이 배웠다. 2019년 친정 팀인 전북과의 조별 예선에서는 김민재답지 않은 빌드업 미스로 전북에게 선제골을 내주고, 2020년 조별 예선 FC 서울전과 8강전 울산 현대 경기에서는 핸드볼 파울을 저질러 페널티킥을 내주는 일이 벌어졌다.

그는 예전에 헤어스타일을 짧게 자르고 축구 유튜버 채널에 출연했는데, "헤어스타일이 군대 입영하는 병사처럼 짧아진 이유가 뭐냐?"라는 질문에 "중국 리그 시절 현지에서 커트를 했는데, 엉망이 돼서 차라리 잘됐다 생각하고 그냥 밀어 버렸다."라고 털어놓았다.

공격과 수비에 강한 이유를 묻는 질문에는 "박주호와 장현수에게 수비수에 대한 지능적 플레이를 많이 배웠다. 김영권에게도 많이 배우긴 했지만 그는 즉석에서 물어볼 수 있기 때문에 많이 따라다니지는 않았다."라고 말했다.

김민재는 남의 장점을 보고 배우면서 자신의 스타일에 접목시키는 선수다. 완벽주의자라는 평판을 받는 그는 "한 번이라도 수비를 실수하면 정말 화가 많이 나며 참을 수가 없다."라고 자신의 심정을 밝혔다.

중국 리그로 이적하면서 놀림에 시달렸다. 그때 김민재라는 이름을 중국식으로 바꿔 '김민짜이', '진민짜이'라는 별명이 붙었다. 그러나 그는 이 별명이 정말 싫어서 여러 번 민감한 반응을 보였고, 심지어 "이제 진민짜이 그만 써 달라는 부탁까지 했다. 놀랍게도 이탈리아 세리에 A에서 골 넣었을 때 '민짜에'라고 해서 어이가 없었다."라고 말했다.

"만일에 축구 선수가 안 됐으면 뭘 했을 거냐?"라는 질문에 "고향 집이 통영 바닷가라서 수산업을 했을 것 같다."라며 웃었다.

대표팀에선 주로 황희찬, 나상호, 황인범과 함께 96라인으로 불렸다. 롤모델은 처음엔 세르히오 라모스와 페페였으나, 최근에는 다요 우파메카노로 바뀌었다. 둘의 플레이 스타일도 꽤 비슷하고 닮은꼴도 많기 때문이다. 닮은꼴로 본다면 김신영이 주로 언급된다. "옛날부터 김신영을 닮았다는 말을 많이 들었다."라고 스스로 말했다.

가수 양다일을 많이 닮았다는 말도 듣는다, 그래서 양다일이 노래하는 유튜브 영상에 "김민재 선수, 앞으로 나폴리에서도 좋은 활약 보여주세요!", "김민재 노래도 잘하네?" 같은 익살스러운 댓글이 달린다. 김민재도 고알레 유튜브 채널에서 이런 댓글을 보았다.

유튜브에서는 주로 자신의 스페셜 영상을 많이 본다는 그가 꼭 뛰고 싶은 무대는 'EPL 무대'란다. 언젠가는 그 무대를 화려하게 장식하고 싶다고 밝혔다.

거대한 몸집과 큰 키의 씩씩한 외모로 여성 팬들이 의외로 많은 스포츠 선수이다. 강해 보이지만 각진 얼굴 골격인데도 앞머리를 덮는 더벅머리를 하는 등 강한 이미지와는 어울리지 않는 스타일

링으로 순해 보이는 이미지가 있었다. 유럽으로 이적한 뒤엔 머리를 짧게 자르는 등 또 다른 이미지를 보이면서 특유의 매력이 드러난다는 평가가 있다.

사실 김민재의 이런 헤어스타일은 전형적인 옛날식 스포츠 헤어스타일이란다. 다만 일반인 기준으로 볼 때는 굉장히 소화하기 힘든 헤어스타일이다. 놀림받기 십상인 스타일이기 때문이다. 실제로 실력에 대한 평가에 외모가 미치는 영향이 통계적으로 많다는 사실이 입증되면서 정치계와 연예계는 말할 것도 없고, 스포츠계에서는 전략적으로 외모나 스타일링에 대한 디자인을 받는 사례가 많아지고 있다.

국내 커뮤니티에서는 김민재 특유의 여덟팔자 모양으로 끝이 처지고 길이가 짧은 눈썹이 인상을 흐려 보이고 피지컬에 비해 약하게 보이게 한다는 의견이 있어, 눈썹 교정하라는 글이 돌아다니기도 한다.

실제로 눈썹 교정은 문신이나 제모 등으로 외모를 드라마틱하게 바꿀 수 있다 하여 최근 취업을 앞둔 청년들 사이에서는 광범위하게 이루어지고 있는 기본적인 외모 관리 가운데 하나라는 말이 무성하다.

유럽서 인기 끄는 아시아의 걸물

김민재는 손흥민과 함께 유럽에서 '주목해야 할 아시아 축구 선수 7인'에 선정되는 행운을 안았다. 2022년 8월 ESPN은 한국이 낳은 축구 스타 토트넘의 손흥민과 나폴리의 김민재를 2022-23 시즌 유럽 축구에서 주목해야 하는 아시아 선수 7인으로 선정했다.

ESPN은 "손흥민은 이제 세계 최고 선수 중 한 명으로 자리 잡았다. 문제는 그가 이전보다 더 나아질 수 있는지 여부다. 그러나 그 다음으로 김민재를 주의 깊게 봐야 한다."라고 꼽았다

이 매체는 "손흥민과 함께 보르도의 황의조, 울버햄튼의 황희찬, 올림피아코스의 황인범 등 훌륭한 선수들이 있지만, 김민재라는 진정한 스타가 있다. 그는 위풍당당한 체격과 강인한 모습으로 '괴물'이라는 별명을 얻었다. 지난해 튀르키에 페네르바체에서 한 시즌을 보낸 뒤 나폴리로 이적하면서 스타 반열에 올랐다."라고 설명했다.

그러면서 "김민재가 첼시에 합류한 칼리두 쿨리발리를 대체하는 것은 쉽지 않을 것으로 보이지만, 25세 혈기 왕성한 나이에 보여 주는 빠른 성장세와 그의 수비 능력으로 인해 최고의 기회를 만들어 낼 수 있을 것"이라고 덧붙였다.

ESPN은 "아시아인으로 주목해야 할 선수에는 한국 선수 2명 외에 일본 출신의 미나미노 타쿠미(AS모나코), 미토마 카오루(브라이튼), 메흐디 타레미(포르투), 이라크 출신의 지단 이크발(맨체스터 유나이티드), 베트남의 응우옌 쿠앙하이(파우)다. 이들은 모두 2022-23 시즌 동안 유럽 축구 무대를 휘젓는 선수들이라 주목해야 한다."라고 강조했다.

사실 나폴리에서 펄펄 날아오르고 있는 김민재는 나폴리를 넘어

맨유에서도 눈독을 들이고 있다는 말까지 나왔다. 세리에 A에서 뛴 지가 얼마 안 되고, 더구나 10경기도 소화하지 않았는데 벌써 맨체스터 유나이티드 이적설이 나돌고 있는 것이다.

김민재는 나폴리의 주전 수비수 칼리두 쿨리발리의 대체자로 합류한 뒤 시즌 초반부터 엄청난 활약을 보이며 많은 관심을 불러일으켰다. 그런 관심은 빅클럽에까지 미친 것으로 보인다. 2022년 가을 풋볼 이탈리아 등 매체들은 맨유가 겨울 이적 시장에서 김민재의 영입을 추진할 것이라고 보도하면서 그의 맨유 이적설이 날개를 달았다. 그의 이적료는 5,000만 유로, 한화 약 693억 원으로 알려졌는데, 맨유가 그만한 돈은 충분히 지급할 수 있는 이적료라는 말까지 하고 있다.

하지만 김민재의 이적 여부는 2023-24 시즌이 되어야 가능하다는 전망이다. 그는 2016년 경주 한국수력원자력에서 선수 활동을 한 뒤 2017~2018년 전북 현대 모터스, 2019~2021년 베이징 궈안,

2021~2022년 페네르바흐체 SK에서 활약했다.

제18회 자카르타-팔렘방 아시안게임 남자 축구 국가대표 선수로 출전해 금메달 획득에 큰 기여를 했다.

팬들이 뽑은 '이달의 선수'

김민재는 팬들의 투표에서 최다 표를 받으며 2022년 '9월의 선수'로 선정되었다. 세리에 A는 9월에 가장 인상적인 활약을 펼친 선수로 김민재가 선정됐다고 밝혔다. '이달의 선수' 트로피는 10월 1일 디에고 아르만도 마라도나 스타디움에서 열린 나폴리와 토리노의 경기에서 수여되어 그 의미를 더해 주었다.

그는 9월의 선수상을 놓고 우디네세의 호드리구 베캉, 아탈란타의 메리흐 데미랄, AC 밀란의 테오 에르난데스, 라치오의 세르게이 밀린코비치 등 쟁쟁한 선수들과 경합했다. 최종 후보에 오른 선수들을 대상으로 한 팬 투표에서 김민재가 가장 많은 표를 받았다.

세리에 A는 "김민재는 리그의 대표 공격수인 치로 임모빌레와 올리비에 지루를 효과적으로 잘 막았다."라고 평가했다. 라치오와의 리그 5라운드 경기에서 지난 시즌 리그 득점왕인 임모빌레를 슈팅 1개로 꽁꽁 묶었고, 19일 AC 밀란과의 7라운드 경기에선 지루를 상대했다. 그때 이탈리아 현지 언론들은 "쉴 틈 없이 올리비에 지루를 붙잡았고, 김민재가 승리했다."라고 보도했다.

앞서 8월에는 나폴리의 흐비차 크바라츠헬리아가 세리에 A 이달의 선수상을 받았다. 이로써 나폴리는 두 달 연속으로 이달의 선수상을 배출하는 기록을 세웠다. 김민재가 세리에 A '이달의 선수'로 선정된 것은 아시아 선수로는 처음이다.

그는 '약점이 없는 선수'로 달리고 있다. 그래서 영국 언론은 "세계 최고의 선수가 될 것"이라는 찬사를 보냈다. 이는 그가 현재 나폴리에서 맹활약을 펼치고 있음을 주의 깊게 보면서 관심도 높아지고 있다는 것을 반영하는 것이다.

영국 매체 〈브레이킹 더 레인스〉는 김민재의 활약을 이렇게 조명했다.

"김민재는 올 시즌 나폴리가 치른 10경기 중 9경기에서 풀타임 출전해 수비진을 이끈 가운데 세리에 A 사무국이 선정하는 9월의 선수상을 수상하며 리그 최고의 선수로 인정받았다. 아직 시즌 초반이지만 나폴리는 최근 몇 년 중 최고의 이적 시장을 보낸 것으로 보인다. 클럽 레전드인 인시네, 메르텐스, 쿨리발리가 팀을 떠났고 올 시즌 모두가 조지아의 원더키드 크바라츠켈리아에 대해 이야기하고 있지만 또 다른 영입 선수인 김민재도 인상적인 활약을 펼치고 있다.

김민재는 쿨리발리 대체를 위해 페네르바체에서 영입한 선수다. 그가 놀라운 점은 적응 기간이 필요 없다는 것이다. 이미 세리에 A 최고의 수비수 중 한 명이 됐고, 활약을 이어간다면 세계 최고의 선수 중 한 명이 될 것이다. 김민재의 강점은 상대 공격수와의 일대 일 몸싸움에 있다. 어려운 상황에서 침착함을 유지하는 것도 다른 수

비수들과 비교되는 강점이
다. 피지컬이 뛰어난 김민
재는 다양한 볼 경합 상황에
서 강한 모습을 보인다.

리그에서 가장 빠른 선수
중 한 명이기도 하다. 스피
드와 체격 등 피지컬에서
약점이 없다. 김민재는 쿨리발리와 비슷한 선수다. 김민재와 쿨리
발리는 볼을 다루는 능력이 뛰어나다. 쿨리발리의 패스와 드리블
은 나폴리 공격의 시발점 역할을 했다. 김민재는 양질의 패스로 수
비에서 공격으로 전환되는 것을 돕는다.

김민재는 세리에 A 9월의 선수상을 수상했고 나폴리는 9월 열린
5경기에서 모두 승리를 거뒀다. 3골만 실점했고 2골 이상 실점한
경기가 없었다. 나폴리는 9월 라치오, 리버풀, AC 밀란을 상대로
모두 승리를 거뒀고 김민재가 큰 역할을 했다. 김민재의 블록과 태
클이 결정적인 영향을 미쳤다. 나폴리가 우승 경쟁을 펼치게 된다
면 김민재가 큰 역할을 할 것이다."

나폴리는 세리에 A에서 6승 2무, 승점 20점의 성적으로 리그 선
두를 질주하고 있다. 유럽축구연맹(UEFA) 챔피언스 리그에선 잉
글랜드의 리버풀, 스코틀랜드의 레인저스, 네덜란드의 아약스를
모두 대파하는 등 안정적인 전력을 과시하는 위력을 보였다.

김민재에 대한 평가

축구 스타 김민재가 유럽으로 진출하기 전에 그를 향해 나온 말들이 무척 다양했다. 파울루 벤투는 "김민재 선수는 유럽행을 해야 한다. 그라운드에서는 정말 나오기 힘든 유형의 대형 수비수다. 대부분 '키가 크면 스피드가 떨어진다'거나, '힘이 좋으면 발재간이 떨어진다'고 말하는데, 김민재는 이를 다 털어내는 선수이다. 상대의 패스 루트를 차단하는 것도 잘하고, 빌드업에도 능력이 있다. 내가 중국 리그에서 감독직을 수행해서 그를 알고 있지만, 김민재가 있어서 베이징 궈안을 만나면 항상 껄끄러웠다."라고 털어놓았다.

최강희 감독은 "김민재는 천재 선수이다. 공을 가지고 플레이할 줄 안다. 만약 브라질 국적이었으면 바르셀로나에서 뛰고 있을 만한 선수이지만, 한국 국적이라 주목을 덜 받았을 뿐이다. 앞으로 유럽에 진출해도 두각을 나타낼 것이다."라고 내다보았다.

헤나투 아우구스투는 "김민재는 중국 슈퍼 리그 최고 수비수 중 한 명이다. 파티흐 테림 감독과 통화했다. 김민재는 갈라타사라이에게 좋은 선택이 될 수 있다. 베이징도 그를 붙잡고 싶지만 김민재가 유럽행을 강하게 원하고 있다."라며 유럽으로 가야 한다고 강조했다.

슬라벤 빌리치는 "몸싸움도 좋고 스피드도 뛰어나지만 수비 상황에서 항상 침착한 선수라는 게 특히 인상적이며 세르히오 라모스와 비슷한 스타일이다. 내가 그에게 스루패스를 주기는 힘들겠지만 세트피스 상황에서 크로스는 충분히 가능할 것이다. 김민재는 전진 패스를 좋아하는 선수이기에 내 골을 어시스트해 줄 수도 있을 듯하다."라고 말했다.

메수트 외질은 "김민재는 모든 것을 갖춘 센터백이다. 중국에서 이적설에 시달리고 있을 때 나의 현역 시절 첼시 FC 이적설까지 나오던 모습이 생각나서 슬펐다. 그가 수준 높은 튀르키예 리그와 UEFA 클럽 대항전에서 더 많은 것을 보여 주고 위대한 선수가 될 수 있기를 응원한다."라고 말하며 유럽 진출에 희망을 걸었다.

신들린 축구 묘기에 감동

2022 월드컵 대한민국 대표팀에서도 가장 주목해야 할 선수로 김민재를 꼽는다. 2022-23 시즌 7라운드 밀란 경기에서 말디니가 김민재를 보고 경악한 이유는, 수비수가 페널티 박스에서 높은 공을 다리를 들어서 쳐낸다는 건 말도 안 되는 일이기 때문이다. 김민재의 유로파 리그 데뷔전을 본 뒤 나온 말이다.

"다리를 들었다가 거기에 공격수의 머리라도 닿으면 바로 상대에게 페널티킥을 내주기 때문에 주로 수비수들은 머리를 쓰거나 골키퍼에게 맡긴다. 그러나 김민재는 이렇게나 위험한 플레이를 깔끔하게 해내고 있다. 축구가 아니라 신들린 묘기 같다. 상대 팀을 잡아먹는 선수가 바로 김민재다. 아무도 그를 지나칠 수 없다. 페네르바체가 그를 데려온 것은 2021년 최고의 영입이다. 튀르키예 리그에 오래 두기엔 그의 기량이 너무 뛰어나다."

어떤 감독은 다시 현역으로 돌아간다 해도 "김민재는 만나고 싶지 않은 수비수다. 가능하면 상대하고 싶지 않다."라고 털어놓았다. 굉장한 수비수이고 놀라운 공격수이기 때문이란다. 김민재가 좋은 수비수인 이유는 피지컬이 좋고 영리한데다가 잔기술이 좋고 짧은 스텝을 잘 사용한다는 점이다. 그래서 상대 공격수를 요리할 수 있는 능력을 충분히 갖추었다.

이동국도 "민재는 축구의 모든 것을 갖춘 완성된 선수 같다. 피지컬이 좋은데 빠르고 영리하다. 덩치에 비해 기술이나 시야, 패스 능력도 뛰어나다. 센터백으로서의 모든 기량과 능력을 갖추었고, 기술에서도 부족함이 없는 선수"라고 칭찬했다. 대체로 남을 칭찬하는 일에 인색한 것이 인간의 습성이다.

경기장에 들어서서 경기를 할 때에는 모든 선수가 공통적으로 피지컬이 좋을 수는 없다. 상대의 움직임, 패스의 길을 정확하게 예측하고 움직이거나 대처한다는 것이 생각하는 대로 펼쳐지지 않고 항상 돌발 사태가 벌어진다. 김민재는 그런 돌발 사태를 잘 파악하고 대처하는 능력이 천재적이다. 덩치 큰 유럽 선수들과의 경쟁에서는 강한 피지컬이 요구되는데, 그는 그런 능력을 갖추었고 기술까지 겸비하고 있다. 그런 점에서 나무랄 수 없는 좋은 선수라는 평가를 받는다.

홍명보 감독은 "축구를 하면서 그만한 선수를 본 적이 없을 만큼 굉장한 선수다. 2021년 10월 A매치 이란 경기에서 김민재는 실로 위대한 선수임을 보여 주었다. 저돌적인 플레이는 상대 선수와의 일

대일 상황에서 폭포수처럼 쏟아졌다. 무조건 이긴다는 자신감이 없으면 나올 수 없는 장면들이었다.”라고 그때 경기 장면을 설명했다.

경기가 잘 풀리지 않을 때는 팀이 부진에서 탈출하도록 분위기를 바꿔 줘야 하는데 그런 핵심 역할을 해 주는 선수가 바로 김민재이다. 그런 사유로 2022 카타르 월드컵에서 가장 주목해야 할 선수로 꼽는 것이다. 위대한 선수는 자기 스스로 만든다.

세계 축구 리그에서 인정한 코리안 리거들의 이야기

한국의 축구 천재들

1판 1쇄 발행　　2022년　11월　18일
1판 2쇄 발행　　2023년　8월　20일

지은이 | 오규상·유한준
펴낸이 | 박정태
편집이사 | 이명수　　　　　　　　감수교정 | 정하경
편집부 | 김동서, 전상은, 김지희
마케팅 | 박명준, 박두리　　　　　온라인마케팅 | 박용대
경영지원 | 최윤숙

펴낸곳　　　　BOOK★STAR
출판등록　　　2006. 9. 8. 제 313-2006-000198 호
주소　　　　　파주시 파주출판문화도시 광인사길 161 광문각 B/D 4F
전화　　　　　031)955-8787
팩스　　　　　031)955-3730
E-mail　　　　kwangmk7@hanmail.net
홈페이지　　　www.kwangmoonkag.co.kr

ISBN　　　　　979-11-88768-59-2 43040
가격　　　　　16,000원